테라 마드레, 새로운 인본주의

테라 마드레, 새로운 인본주의

초판 인쇄 2015년 7월 15일   **초판 발행** 2015년 7월 22일
글 카를로 페트리니   **옮김** 김난령

펴낸이 김덕균   **펴낸곳** 라임북   **편집** 김원숙 박고은   **디자인** 박재원
출판등록 제10-2296호   **주소** 서울시 마포구 동교로 221 2층
전화 02-326-1284   **전송** 02-325-9941   **전자우편** contents@openkid.co.kr

Original title : Terra Madre : Le comunità del cibo tra vizi globali e locali virtù
Text : Carlo Petrini con una lettera di Enzo Bianchi and CARLO BOGLIOTTI

ISBN 979-11-5676-066-5 03330
값 14,000원

*라임북은 열린어린이의 자매 회사입니다.
*이 책은 환경과 테라 마드레 정신을 생각하며 재생지를 사용하였습니다.

테라 마드레,
새로운
인본주의

Terra Madre : Le comunità del cibo
tra vizi globali e locali virtù

카를로 페트리니 글

김난령 옮김

라임북

감사의 글

이 책이 나오기까지 여러 해 동안 나와 긴밀하게 작업해 온 카를로 볼리오티 Carlo Bogliotti에게 심심한 감사를 전한다. 그의 귀중한 조언과 아이디어가 이 책 곳곳에 녹아 있다. 또한 묵묵히 편집에 참여해 준 로베르타 마잔티Roberta Mazzanti와 브루노 마리Bruno Mari에게도 감사를 전한다. 그들의 순수한 열정 과 우정은 이 책이 완성되는 데 결정적인 역할을 했다. 이 책을 영어로 옮겨 준 친구 존 어빙John Irving에게도 깊이 감사를 드린다. 마지막으로 테라 마드레 행 사를 영상에 담아 다큐멘터리로 만들어 준 감독 스테파노 스카라피아Stefano Scarafia와 파올로 카살리스Paolo Casalis에게도 특별히 감사를 전한다.

머리말

카를로 페트리니는 슬로푸드Slow Food 창립자이다. 그는 타인의 이야기에 귀 기울일 줄 아는 사람으로 25년 이상을 영세 농민들과 먹을거리 생산자들에게 관심을 기울여 왔다. 테라 마드레는 세계적인 지역 음식공동체[1] 네트워크다. 전 세계 153개국의 농부와 어부, 목축인, 여러 분야의 전문가, 요리사 들이 지혜를 한데 모으는 네트워크라 하겠다. 카를로 페트리니는 이 중요한 운동의 주창자일 뿐 아니라, 음식공동체 내에 축적된 지혜들을 전달하는 메신저로서의 역할을 해오고 있다. 그는 인간과 음식 사이의 패러다임 전환

....

[1] 각 나라의 자연 친화적인 농어업을 하고 전통 음식 문화를 지키고 이어가는 공동체들을 말한다. 다국적 농업 체계에 반기를 들며 지역에서 생산되는 건강한 농산물을 먹고 건강하게 살자는 운동인 테라 마드레를 실천하는 공동체를 일컫는 말로 쓰이고 있다. _옮긴이 주

이 시급한 이유를 이 책에서 매우 단호하게 밝히고 있다. 그가 전하려는 메시지는 우리에게 종말이 아니라 희망을 전하는 것이며, 지구의 문화적 자연적 다양성에 대한 예찬으로 가득하다.

테라 마드레는 다시금 음식을 문화의 중심에 놓고 있다. 또한 음식의 질을 민주적 권리로서 되찾는 것이다. 음식이 쾌락이나 의식儀式과는 무관한 일종의 에너지 연료에 불과하다는 관념을 깨부순다. 카를로 페트리니는 지난 20년 동안 내게 끊임없이 샘솟는 영감의 원천이 되어 주었다. 언어가 달라도 우리는 서로를 완벽하게 이해하고 있다. 그는 경험의 공유, 책임감, 그리고 삶의 환희라는 무언의 언어로 소통할 수 있는 사람이다.

테라 마드레는 어머니 대지이다. 땅은 엄마처럼 풍요롭고 너르다는 의미다. 테라 마드레를 이끌어 가는 주역들이 토리노에서 2년마다 만나 경험을 나누고 서로에게 책임을 다하는 모든 일이 언어가 달라도 소통 가능하다. 언어 장벽은 쉽게 극복되고, 문화적 차이는 존중된다. 또한 오랫동안 농사짓던 비법과 어획 기술들은 공유된다. 전 세계 구석구석에 사는 수천 명의 농부, 어부, 학자, 요리사, 학생, 활동가, 전문가 들이 자신의 고향 마을을 떠나 이틀 동안 서로 긴밀한 관계를 맺고 지식을 나누고 끈끈한 유대감을 형성해간다.

이 책은 카를로 페트리니가 나를 비롯한 많은 사람들이 추구해 오고 있는 바른 먹을거리를 지켜야 한다는 뜻을 명확하게 밝혀 설명했던 『슬로푸드, 맛있는 혁명Slow Food Nation』이라는 책을 논리적으로 발전시킨 후속편이라고 할 수 있다. 카를로 페트리니는 『테

라 마드레, 새로운 인본주의」Terra Madre: Le comunità del cibo tra vizi
globali e locali virt』를 통해 지속가능한 미래를 위한 분명한 청사진
을 우리에게 제시하고 있다.

희망을 담아,
캘리포니아 버클리에서 앨리스 워터스[2] 씀

....
2 캘리포니아 버클리에서 셰 파니스Chez Panisse 라는 레스토랑을 경영하는 유기농 먹을거리 운동의
선구자이다. '미국 음식의 어머니'라고 불리며 50여 년 동안 음식 분야에서 가장 영향력 있는 인물로 평
가받고 있다. 40년 전부터 로컬푸드 운동을 이끌며 미국의 식문화를 바꾸는 데 앞장서고 있다. 2009년
에 미국 대통령의 부인 미셸 오바마는 앨리스 워터스가 펼친 캘리포니아 학교 텃밭 운동에 영향을 받
아 어린이 비만 퇴치 운동을 위해 백악관 내 유기농 텃밭을 만들기도 했다. _옮긴이 주

CONTENTS ────────────────────────────────

서론

2008년 10월 23일, 제3회 '테라 마드레-음식공동체 국제대회'는 동계올림픽 대회장 중 하나인 토리노 팔라올림피코 경기장에서 열렸다. 전 세계 153개국에서 약 1,600개의 음식공동체들을 대표하는 7,000여 명의 대표단이 참석했는데, 그들은 농부, 어부, 전문가, 목축인, 전통 음악가, 요리사, 그리고 학자 들이었다. 그들은 전 세계에서 모여 개회 연설을 들었고, 그 후 3일 동안 워크숍, 회의, 포럼, 강연과 축하 행사 등에 참여했다.

2008년 테라 마드레 개회식에서 내가 청중들에게 했던 연설은 이 책의 의미를 그대로 전달하는 데 유용하리라 여긴다. 바라건데 앞으로 이 책에서 펼칠 일련의 생각과 사상들이 테라 마드레의 역사적 의의와 그 활동 범위에 대한 독자들의 이해를 돕는 데 작은 보탬이 되었으면 한다.

테라 마드레 국제대회 개회 연설

테라 마드레 국제대회에서 여러분을 다시 보게 되어 대단히 기쁩니다. 우리가 처음 이 놀라운 행사를 개최한 이래 4년의 시간이 흘렀습니다. 이 3차 대회는 테라 마드레 네트워크가 그간 얼마나 성장했는지 확인할 수 있는 행사가 아닌가 합니다. 농부, 어부, 목축업자 들에 이어 재작년에는 전 세계 요리사와 학자 들을 초대했고, 올해는 천연섬유 생산자들과 음악가들도 이 행사에 참여할 수 있게 되었습니다. 그분들을 따뜻이 맞이하게 되어 참으로 기쁩니다. 이런 분들을 맞이하면서 우리는 철강이나 제철 같은 다른 산업 분야와 달리, 농업은 훨씬 더 복합적인 분야임을 다시금 확인할 수 있었습니다. 이분들이 테라 마드레에 가지고 오신 음악들은 실로 자연환경을 즐기고, 우애를 나누는 사교의 자리에서 즐거이 술한 잔 권하며 음식의 '신성함'까지 수용한다는 생각에서 나온 뜻깊은 결실이 아닐 수 없습니다.

테라 마드레는 2008년에 2,000명 이상의 학생과 농부, 요리사 들도 맞이하게 되었는데, 이 젊은이들은 미래의 상징이고 그들이 쏟는 열정은 테라 마드레의 새로운 희망이 되고 있습니다.

지난 몇 년 동안 우리가 깨달은 사실이 있습니다. 그것은 우리가 전 세계에 뿌려 놓았던 씨앗들이 성장하여 차츰 결실을 맺고 있다는 것입니다. 그렇습니다. 테라 마드레는 늘 발전하고 있으며, 현재 전 세계 153개국을 아우르며 학교 텃밭, 생산자 직거래 장터와 새로운 연대를 이루며 수천 개의 프로젝트를 지원하고 있습니다. 넓게 보면 소비자들도 생산이라는 큰 흐름 속에 함께 있으므로 앞으로는 소비자들을 '공동생산자'들이라 칭하며 새로운 연대를 이뤄 프로젝트에 함께해 갈 것입니다. 하지만 이것이 다가 아닙니다. 지난 몇 년 동안 우리는 브라질, 아일랜드, 네덜란드를 비롯한 여러 나라에서 다수의 테라 마드레 행사를 조직해왔습니다. 그리고 현재 테라 마드레 공동체들은 적어도 30개국에서 발전을 거듭하고 있으며, 네트워크는 점점 더 확장되고 성장하고 있습니다.

우리는 지금까지 이루어 온 일들과 현재 이 자리에서 일어나는 일들이 모두 역사가 된다는 사실을 알아야 합니다. 2004년까지만 해도 이렇게 빠른 성장을 예상하는 사람은 거의 없었습니다. 전 세계에 걸쳐 광범위하고도 돌발적인 대재앙이 일어나리라고 아무도 상상하지 못했습니다. 지금 사회적 관계와 일상의 삶, 그리고 정치 현실의 목을 조르고 있는 경제 위기 말입니다.

무엇보다도 우리는 2008년을 기억해야 합니다. 올해 초반에 우리는 소위 다국간공동정책multilateralism은 성공하지 못한다는 현실의 증거를 눈으로 똑똑히 보았습니다. 지난 1월 로마에서 열렸던 국제연합식량농업기구 FAO Food and Agriculture Organization of the United Nations 정상회의에서, 전 세계의 영양부족과 기아를 절반으로 줄이자는 목표를 세웠지만 이 목표는 이루어지지 못했고 결코 성취할 수 없다는 사실을 인정해야 했습니다. 기아와 영양부족에 시달리는 사람들의 수는 10억 명에 육박하고 있습니다. 이는 지구에 살고 있는 사람 6명 중 1명에 해당하는 숫자입니다. 이는 전대

미문의 대실패이며, 부유한 나라들이 연간 300억 달러의 기부금을 내겠다는 약속을 지키지 않았기 때문에 일어난 결과입니다. 그런데 그 나라들은 금융 위기에 처한 은행들을 긴급 구제하기 위해 단 2주 만에 2조 달러라는 엄청난 돈을 마련했습니다! 매년 300억 달러도 내놓을 수 없었던 그들이 단 2주 만에 2조 달러를 지불했던 겁니다. 이 모든 상황에 대처하려면 시위만으로는 충분하지 않습니다. 우리가 해야 할 일은 모두 분연히 일어나 다시 한 번 우리의 분노를 표출하는 것입니다.

세계무역기구 WTO World Trade Organization의 상황도 별반 다르지 않습니다. WTO에서 벌인 논쟁이 주로 식품류의 관세에 대한 것은 결코 우연이 아닙니다. 강대국들은 식량 문제에 관해 합의할 의사가 없는 것 같습니다. 그들은 다른 문제에 관해서는 원만하게 잘 합의하고, 위태로운 경제를 구하기 위한 긴급회의도 개최합니다. 하지만 식량 문제에 관해서는 그 어떤 건설적인 일도 도모하지 않습니다. 2008년 중순, 많은 사람들이 '창조 금융 creative finance'이라 규정해왔던—하지만 필자는 '불량 금융'이라고 생각하는—업계의 딜러들이 빈곤층의 주택, 에너지, 석유 분야에 투자한 뒤, 결국에는 식품 및 식품류에까지 손을 뻗히기로 결정했습니다. 그 결과 눈 깜짝할 사이에 쌀, 곡물, 옥수수의 가격이 5배나 오르면서 세계 전역에 큰 파장을 몰고 왔습니다.

이탈리아 사람들은 수입의 15퍼센트를 식량 구입에 쓰고 있지만, 다른 많은 나라에서는 50에서 60퍼센트를, 심지어는 80퍼센트까지 쓰는 경우도 있습니다. 식품 가격 상승의 영향은 실로 치명적입니다. 사실상 영양부족에 시달리는 사람들의 수는 단 1년 만에 1억 명이 증가했고, 전 세계 50개국에서 식량 폭등의 불길이 타올랐습니다. 이제 거품은 꺼졌고, 부동산, 석유, 식품에 대한 투기는 완전한 실패로 돌아갔습니다. 위기는 시스템 전체에 퍼져서, 전체 경제가 시장 붕괴 현상을 겪고 있습니다. 이것이 곧 지나갈 위기라고 생각하면 오산입니다. 이것은 엄청난 위기이며, 앞으로 오랜 세월 동안 지속될 위기입니다.

오늘날 우리 대부분이 느끼는 감정은 아주 복잡합니다. 여러 감정 중 하나가 바로 우리 미래와 일상생활, 가정, 빈곤층의 존엄성에 대한 염려입니다. 다른 한편으로는 우리는 주체할 수 없는 해방감을 느끼기도 합니다. 이제 과도한 흥분은 가라앉힐 때가 되었습니다. 뻔뻔스럽게도 쉽고 빠르게 부를 축적하고, 다른 사람들의 신성한 노동을 하찮게 여기는 인간 군상들의 한심하고 수치스러운 행태들을 이제 끝낼 때입니다. 부동산 투기의 거품을 터트릴 때입니다.

하지만 우리는 신중해야 합니다. 최근 시중에 유포되고 있는 분석들 중에는 얼토당토않은 것들이 상당수입니다. 우리는 현 상황을 철두철미하게 파악하고 분석해야 합니다. 시장 경제가 끝났다고 말하는 분석가의 생각은 틀렸습니다. 시장 경제가 현실에 기반을 단단히 하고 농촌 경제와 더욱 긴밀히 연대하여 올바르게 재건될 수 있다는 희망이 바로 이 자리에 있습니다.

이 상황을 사기꾼 무리의 소행이라고 생각하는 사람들 또한 틀렸습니다. 조직을 허물어뜨리는 괴저壞疽 현상은 이미 도처에 퍼져 있습니다. 정치와 생활, 그리고 많은 사람들의 마음속에도 말입니다. 현상을 깊이 이해하기 위해 우리가 이렇게 절박한 심정으로 깊이 생각하고 추론하고 해답을 찾아내야 했던 적이 지금껏 한 번도 없었습니다. 우리는 청력에 문제 있는 사람처럼 행동해서는 안 됩니다. 남의 말을 듣고 두 번 웃음을 터트리는 사람 말입니다. 그 사람은 처음에는 주위 사람들이 웃으니까 그냥 따라서 웃고, 두 번째는 주위 사람들이 처음에 무엇 때문에 웃었는지를 알고 나서 웃는 사람입니다. 우리는 웃음을 터트리기 전에, 우리의 입장을 명백하게 밝히기 전에, 먼저 이 세계가 새로운 경제 시스템으로 어떻게 작동할 것인지를 정확하게 이해해야 합니다.

제가 확신하는 한 가지 사실은, 진행되고 있는 이 위기가 농촌 경제를 존중하는 방향으로 이어질 것이라는 점입니다. 앞으로는 농업을 위한, 다시 말해서 실물경제에 부여되는 시간이 더 많아질 것입니다. 농촌 경제는 그 무엇보다 중요합니다. 그것은 땅과 손에 옹이가 박히도록 일한 여러분 모두를 대표하는 경제입니다. 우리는 다시 한 번 육체노동과 그 노동이 요구하는 노하우의 진가를 인정하게 될 것이며, 전문가들의 노고와 재능, 소규모 제조업의 중요성도 인식하기 시작할 것입니다. 또한 땅을 일구는 사람들에게 다시 관심을 갖기 시작할 것이고, 지속가능성, 환경, 삶의 질에 이용될 신기술에 대해서도 흥미를 가지게 될 것입니다.

이번 테라 마드레 국제대회는 이 모든 주제들을 포괄하고 있습니다. 음식에서 출발하여, 농업, 기후변화 그리고 새로운 형태의 지속가능한 청정에너지까지 다 아우르고 있습니다. 자연을 기반으로 하는 생업 경제는 수년간 하찮게 치부되거나 심지어 조소까지 당해왔습니다. 하지만 이것이야말로 혼돈의 시장 경제와 불량한 금융으로부터 우리 지구를 구하게 될 경제입니다. 이 점은 백 퍼센트 확신하셔도 됩니다.

가까운 장래에 정치와 경제는 먹을거리, 농업, 기후변화, 건강 관리, 자연 풍광과 생태계의 아름다움 사이의 긴밀한 연관성을 점점 더 크게 인식하게 될 것입니다. 이 모든 문제는 서로 연결되어 있습니다. 또한 그들은 생계를 위해 땅을 일구던 수백만 명의 여성들을 내쫓고 그 자리를 집약농업으로 대체해 버린 잘못을 점점 더 크게 깨닫게 될 것입니다. 대지가 어머니인 이유는 그 무엇보다 땅이 여성들의 손으로 일구어지기 때문입니다. 여성들을 농업 생산 과정에서 쫓아내는 것은 하나의 범죄 행위입니다.

소비자들도 우리의 과업을 도울 것입니다. 많은 사람들이 소비의 위기에 대해 걱정하고 있지만, 저는 이제 소비자들은 중요한 선택을 할 준비가 되었다고 생각합니다. 소비자들은 몸에 이롭고 신선한 그 지역 생산물과 제철 식품들을 찾기 시작할 것입니다. 그리하여 소비자는 여러분의 공동생산자가 될 것입니다. 그것은 고결하고도 인상적인 과정이 될 것이라 여겨집니다. 만약 여러분도 준비가 되었다면, 여러분이 생산하는 먹을거리는 여러분에게 충분한 보상을 해줄 것입니다.

하지만 우리가 확실히 해야 하는 점은, 질 좋은 먹거리를 사치품으로 탈바꿈 시키려는 자들에게 여러분들의 신성한 노동을 넘겨주는 일은 결코 있어서는 안 된다는 것입니다. 질 좋은 먹을거리를 먹을 권리는 모든 사람들이 누려야 할 권리입니다. 여러분에게 부유층들의 시장을 공략하기 위해 질 좋은 유기농 먹을거리를 생산하라고 말하는 사람들을 경계하십시오. 우리는 모든 사람에게 품질 좋은 식품을 제공하기 위해 유기농으로 생산해야 합니다. 그리고 거기에는 세계에서 가장 가난한 사람들도 포함됩니다.

이 모든 것을 우리가 어떻게 다 이루어 나갈 것인지 묻는 분들이 있다면 저는 그 질문에 대한 가장 쉽고도 효과적인 해답은 삶의 현장 속에 다 있다는 말씀을 드리고 싶습니다. 우선 가장 쉽다고 한 이유는 여러분이 현재 하고 있는 일이 이미 고결한 것이기 때문입니다. 여러분이 하는 일은 여러분의 아버지들이 했던 일입니다. 계속 그 일을 하십시오. 어떤 의미에서 여러분은 행운아들입니다. 새로 만들어야 할 것이 아무 것도 없으니까요. 그리고 가장 효과적인 해답이라고 한 이유는 여러분이 하는 일이 눈에 보이는, 형태를 지닌 일이기 때문입니다. 땅, 음식, 살아있는 생물들, 이러한 것들이 바로 우리가 얘기하고 있는 실물경제입니다. 만질 수 있고 맛볼 수 있고, 또한 즐길 수 있는 것들 말입니다.

가장 중요한 것은 지역경제에 대한 애정과 관심입니다. 다시 한 번 말하지만, 여러분은 이미 하고 있는 일 외에 다른 것은 아무 것도 할 필요가 없습니다. 여러분의 네트워크를 통해 그 일을 개선하고 북돋우고 강화시키는 일 말고는 말입니다. 단언컨대 여러분의 노동은 여러 가지 의미에서 이미 미래입니다. 여러분의 활동들은 지역 공동체의 맥락 속에서 긍정적인 영향과 변화를 가져올 것입니다. 우선 여러분은 전통 식단을 널리 알립니다. 제철에 나고 영양이 풍부한, 몸에 좋고, 맛있고, 다양한 음식들 말입니다.

만약 더 이상 대륙을 오가며 식품을 수송하지 않고 근거리 내에서 소비할 수 있는 시스템이 갖춰진다면, 우리는 많은 에너지를 절약할 수 있고 이산화탄소 배출량을 줄일 수 있을 것입니다. 장거리 수송과 냉장, 결국 쓰레기통에 버려지게 될 포장과 저장 창고가 없다면 우리가 무엇을 절약할 수 있을 것인지 생각해 보십시오. 이러한 것들은 시간과 공간을 훔치고, 자연의 아름다움을 훼손하는 요인들입니다. 하지만 지역경제 안에서 이들이 이루어진다면 에너지와 자원을 최대한 활용할 수 있고 쓰레기 생산을 피할 수 있습니다.

이곳 이탈리아에서만 매일 4,000톤의 음식이 버려집니다. 굶주리는 사람들의 시각에서 보자면—물론 부자 나라에 사는 사람들의 눈에도 마찬가지지만—4,000톤이라는 것은 참으로 수치스러울 정도로 많은 양이 아닐 수 없습니다. 세상의 모든 농부들은 늘 재사용과 재활용을 실천해오고 있으며, 그 어떤 과정에서 나오는 쓰레기라도 함부로 버리는 일 없이 다시 거두어 들여서 거기서 더 많은 에너지를 생산하고 쓸모 있는 도구나 공예품을 만들어냈습니다. 쓰레기는 재활용될 수 있습니다. 때때로 특정 요리에 없어서는 안 되는 재료가 되기도 하고, 땅을 비옥하게 만드는 천연 비료가 되기도 합니다. 농부들은 물 또한 낭비하는 법이 없습니다. 그들은 물을 저장하고 소중히 여깁니다.

이 모든 일은 지역 활동을 통해 성취할 수 있으며, 또한 이러한 활동을 통해서 진정한 참여 민주주의도 실현할 수 있습니다. 오늘날 세계는 지역 차원에서 모든 사람들이 참여하고, 누구나 리더가 될 수 있고 누구나 주도적인 역할을 할 수 있는 진정한 참여 민주주의를 갈망하고 있습니다. 뿐만 아니라 지역 차원에서만이 생물 다양성을 유지하고 지역경제에 필수적인 자원을 보호할 수 있습니다. 토종 생물과 다양한 재래종들은 소규모 농업 경제를 위해 없어서는 안 되는 자원입니다.

'지역'의 개념은 사회관계로도 해석됩니다. 이러한 관점에서 젊은이들은 활력과 흥이 넘치는 새로운 농촌 환경을 형성하는 데 중요한 역할을 해야 합니다. 이 자리에 계신 청년 여러분, 옛것에 대해 읽고 공부하고 익히십시오. 그리하여 여러분이 누구인지, 어디서 왔는지를 깨달으십시오. 하지만 그와 동시에 지역에서의 사회관계를 증진시키고 그 속에 즐거움을 가져다주기 위해 노력하십시오. 이용할 수 있는 모든 신기술을 이용하십시오. 경험 많은 농부들의 노하우를 영상으로 기록하십시오. 만일 여러분이 그 일을 하지 않는다면, 그 모든 무형의 자산은 영원히 사라지게 될 것입니다.

우리 모두는 만일 우리가 더 나은 미래를 원한다면 이런 유형의 경제가 필수불가결하다는 것을 알고 있습니다. 하지만 그것은 협력을 끊는다거나 과거에 연연해하라는 의미가 아닙니다. 여러분은 현실에 단단히 발을 딛고 있고, 여러분의 시선은 타인을 향해 있으며, 지구 환경을 개선할 수 있는 것이라면 그 어떤 것도 놓치지 않고 포착할 준비가 되어 있습니다. 그런 이유로 여러분의 네트워크와 우리의 네트워크가 존재하는 것입니다. 각 지역의 음식공동체들로 구성된 테라 마드레 네트워크 말입니다. 어떻게 이보다 더 편견 없고 열린 해법을 상상할 수 있겠습니까? 많은 사람들은 지역경제를 업신여기고 여러분의 생산품을 하찮게 생각합니다. 하지만 사실은 정반대입니다. 여러분이 하나로 연대하게 되면, 소규모생산자들인 여러분은 아마 세상에서 가장 큰 다국적 식량 기업이 될 것입니다. 단 기존의 다국적 기업들과 차이점이 있다면, 여러분은 표준화나 공해나 빈곤은 생산하지 않는다는 것이지요. 그 대신 여러분은 풍요, 다양성, 교류, 기억 유산의 보존, 그리고 진보를 생산합니다. 이것이 바로 지역경제가 가진 진정한 가치입니다.

여러분의 경제는 현재 세계에 존재하는 경제 분야 중에서 가장 현대적인 것입니다. 저는 테라 마드레를 가난하고 소외된 계층의 한가한 모임으로 보는 사람들에게, 여러분을 패배자들의 대표로 여기는 사람들에게, 당신들은 아직 아무 것도 모른다고 말하고 싶습니다. 그런 생각을 하는 사람들은 지금 미래가 어떠한 위험에 처해 있는지를, 또한 여러분이 세계 인구의 절반을 차지하는 엄청난 수의 농민들과 농촌 마을들을 대표하고 있다는 사실을 전혀 알아채지 못하고 있는 것입니다!

3차 산업혁명의 주역은 바로 여러분과 같은 농장주와 소작농들이 될 것입니다. 3차 산업혁명은 여러분의 마을에서, 여러분의 사업체에서, 그리고 여러분의 땅에서 시작됩니다. 1차 산업혁명은 증기기관과 함께 시작되었고, 2차 산업혁명은 전기와 함께 시작되었는데, 1·2차 모두 화석 연료에서 얻은 에너지에 의존했습니다. 하지만 3차 산업혁명은 청정하고 지속가능한 에너지 혁명이 될 것입니다. 3차 산업혁명은 시골 지역, 더 구체적으로는 인간의 활동 중 유일하게 광합성에 기반을 둔 농업 분야에서 시작될 것입니다. 수세기 동안 농부들은 햇빛에 의존하여 일해 왔습니다. 저는 이제 여러분에게 청정하고 재생 가능한 에너지의 개발과 사용을 촉구하는 바입니다. 태양 에너지와 풍력 에너지, 그리고 여러분의 사업과 여러분의 가족들을 풍요롭고 부유하게 만들기 위해 생각해 낼 수 있는 모든 에너지를 생산하십시오. 이것은 내일을 위한 '뉴딜New Deal'입니다. 지향을 여기에 두고 일하고 있는 사람이라면 누구든 가리지 말고 접촉하십시오. 청중 중에서 지속가능 에너지 분야에서 일하고자 하는 사업체 운영자가 계시다면, 가서 농부들의 머리를 빌리라고 조언하고 싶습니다. 농부들은 쓰레기를 재사용하는 방법을 알고 있고, 대지와 친밀한 관계를 유지하고 있으며, 또한 그 어떤 것도 낭비하는 법이 없습니다. 나머지 여러분에게는, 여러분은 상당한 실물경제의 부활을 수반할 새로운 혁명의 노하우를 이미 가지고 있다고 말씀드리고 싶습니다.

여러분은 스스로를 자랑스럽게 생각해야 합니다. 여러분은 세계 다양성의 대표이며, 세상에서 가장 위대한 자산이며, 우리의 위대한 자원이자 인류 미래의 보증인이기 때문입니다. 생물다양성이 자연에 존재함으로서 생존과 진화와 적응을 보장하듯이, 여러분의 정체성, 전통과 풍습은 세계가 존속하는 데 없어서는 안 될 것들입니다. 그렇습니다. 세계는 여러분의 문화 다양성 없이는 결코 존속될 수 없습니다. 우리 각자의 정체성이 강해지는 때는 우리의 다양성이 만나고 섞이고 연결될 때입니다. 만일 우리가 모두 똑같다면 독자성이란 것은 존재하지 않을 것입니다. 독자성이란 다양성 덕분에 존재하는 것이니까요.

앞으로의 나흘간의 시간을 최대한 즐기십시오. 자기 의견을 표현하는 것을 두려워하지 마십시오. 언어가 다르고, 옷차림이 다르고 피부색이 다르다고 할지라도 다른 사람들과 만나서 친교를 나누는 일을 망설이지 마십시오.

이제 차분히 앉아서 이야기합시다. 아마 여러분은 처음에는 모든 것을 이해하지 못할 거라고 생각하실지도 모르겠습니다. 하지만 때로는 미소나 몸짓, 악수만으로도 통하는 경우가 있습니다. 이것은 여러분이 세계의 다양성과 세계적 합의에 이를 수 있는 유일한 기회입니다. 발견하고 배울 뿐만 아니라 스스로에 대해 확신하고 여러분 자신의 독자성에 자부심을 느낄 수 있는 유일한 기회입니다. 그리고 여러분을 접대하게 될 피에몬테 지방 주민들의 집에 가게 되면, 그들과 친해질 기회를 만드십시오. 아이디어와 선물과 미소와 향연과 문화를 교환하십시오. 우리는 지난 테라 마드레 행사를 치러 본 경험을 통해 언어 장벽 같은 것은 존재하지 않는다는 것을, 언어는 문제가 되지 않는다는 것을 알게 되었습니다. 그러니 걱정 마십시오. 의사소통을 하는 데 아무 문제가 없을 것이고, 여러분은 어떤 경우에도 항상 서로를 이해하게 될 겁니다.

마지막으로 당부하고 싶은 말은, 이 행사의 정신을 여러분 각자의 공동체에 전달하라는 것입니다. 이제 여러분이 자신의 마을로 돌아가면, 마을 주민들이 마음을 활짝 열고 다른 사람들을 환영할 수 있도록 이끌어 주십시오. 오늘 이 자리에 참석하신 젊은이들이 아이디어를 실현시킬 아주 놀라운 생각을 갖고 있습니다. 그들은 자신의 인생에서 몇 달 동안을 무급으로 여러분의 농업공동체에서 일하면서 보내고 싶어 합니다. 그들을 따뜻하게 맞아 주십시오. 젊은 농부이자 학생인 이들에게 문을 활짝 열어 주십시오. 이들은 2~3개월의 시간을 여러분을 위해 일하는 데 바치기로 결정했습니다. 이를 계기로 여러분도 풍요로워질 것이고, 그들의 삶도 풍요로워질 것입니다. 이는 지구 역사상 가장 위대한 '젊음과 문화의 물물교환'이 될 것입니다.

마지막으로 이 자리에 계신 젊은이들에게 말씀 드리고 싶습니다. 여러분은 지구의 미래입니다. 농부들의 기억을 보존하고, 어른들의 기억을 보존하십시오. 기억이 없으면 미래도 존재할 수 없습니다. 여러분 마을의 연장자들과 농부들의 기억을 신개척지의 초석으로 삼으십시오. 선배들의 전통 지혜가 현대 과학과 대화하게 하십시오. 그러면 여러분은 자신만의 미래 창조자가 될 것입니다.

저보다 앞서서 강연했던 청년인 샘에게 말하고 싶습니다. 자네는 위대한 나라에서 태어났다고 말입니다. 어쩌면 며칠 안 되는 기간 동안 미국은 우리에게 새로운 희망을 던져주게 될지도 모릅니다. 어쩌면 단 몇 명만이 가능하다고 생각했던 꿈이 실현될지도 모릅니다. 하지만 샘, 이 희망은 이번 대회에서 자네가 연설 마지막 부분에서 했던 말만큼 강렬하지는 않을 걸세. '우리는 인류를 대지와 재결합시키는 임무를 수행할 세대'라고 했던 그 말 말이네.

젊은이들이 이 혁명의 깃발을 치켜든다면, 우리 모두는 여러분을 지지할 것입니다. 인류는 테라 마드레, 즉 어머니 대지와 재결합해야 하며, 젊은 여러분이 이를 실현시킬 수 있습니다. 그러니 샘, 다시 학교로 돌아가면, 위대한 인물이자 위대한 미국인인 다코타 인디언 '붉은구름'이 했던 말을 전하십시오.

"세상은 구원을 위해 인간애에 호소합니다. 이 구원은 우리의 상식에, 우리의 청렴함에 존재합니다. 세상은 세상의 리듬을 통찰할 수 있는 자를 기다립니다. 나를 보십시오. 나는 가난하고 헐벗었지만 한 민족의 지도자입니다. 우리는 부를 원하지 않지만, 우리는 우리의 자녀를 올바르게 교육시키기를 원합니다. 부는 우리에게 아무 소용이 없습니다. 우리는 부를 원하지 않습니다. 우리는 평화와 사랑을 원합니다."

위인이자 위대한 미국인이요, 또한 위대한 아메리카 인디언이 전하는 이 메시지로 여러분 모두를 테라 마드레 기간 동안을 기쁨과 열정으로 보내시도록 초대하고자 합니다. 이 4일의 시간이 여러분의 눈에 그리고 여러분의 기억 속에 간직되기를 바랍니다.

I장

테라 마드레의
모든 것

우리가 자연을 존중하면 대지는 우리에게 한없이 너그러운 '어머니'가 되어 준다는 것을
우리는 알고 있다. 또한 사람들이 행복하고 당당하게 살고, 자신들의 노동에 만족한다면
자연이 우리를 도와줄 거라는 사실도 알고 있다.

•••   테라 마드레가 세계 정치 경제의 지평 위에 처음
으로 등장하기 시작한 때는 2004년이었다. 시작은 세계 각지에서
모여든 사람들의 대규모 모임이었지만, 그 모임은 곧 소수의 네트
워크로서 하나의 항구적 네트워크로 자리 잡아 갔다. 네트워크 전
구성원들이 새로운 경제, 농업, 음식 그리고 문화 모델을 만들기
위해 날마다 함께 일하고 있다.

테라 마드레는 '글로컬리즘glocalism'¹에서 나온 사업의 구체적
인 실천 방법이고, 전 세계적으로 커다란 영향을 끼치기 위해 국지

....

1 글로컬리즘은 세계통합주의globalism와 지역중심주의localism를 결합한 신조어다. 2001년부터 등장
해 널리 쓰이기 시작했다. 세계통합주의와 지역중심주의의 한계를 극복하고 새로운 세계 질서를 세우
기 위한 대안으로 등장했다. _옮긴이 주

적 차원에서 수행되는 일련의 활동들이다. 테라 마드레는 수년에 걸쳐서 발전해 왔으며, 이제는 자체의 정책과 공유된 가치들을 지니고, 또한 다양한 매체와 장기 목표들을 가지고 있다.

따라서 테라 마드레는 단순히 2년에 한 번씩 개최되는 대회보다 훨씬 더 큰 의미를 가지고 있다. 테라 마드레 조직은 한 마디로 매머드급이다. 이 조직은 필자가 구상한 아이디어들이 살아 숨 쉬는 실체적 지역 음식공동체들의 전 세계적 네트워크이기도 하다. 우리는 테라 마드레만의 독특한 특징과 역사, 그리고 이 조직이 추구하고 수행할 수 있는 활동들을 먼저 살펴볼 것이다. 독자들이 일단 이 거대한 네트워크의 실체를 이해하고 나면, 이 네트워크의 배경이 되는 사상과 철학이 가진 색다른 의미와 심오한 깊이를 이해하게 될 것이다. 무엇보다도 독자들은 이 네트워크가 현실 세계나 여러 다양한 인간 집단과 긴밀하게 결속해서 공통된 프로젝트를 얼마나 잘 수행하고 있는지 알게 될 것이다.

오늘날 새로운 세계 통치체계의 필요성에 대한 의견들이 분분하지만, 분명한 사실은 이제 우리는 강대국의 정부나 경제 지배자들에게만 전적으로 의지할 수 없다는 것이다. 우리는 인구 대국의 정치 대표자들, 비정부 조직들, 그리고 환경, 사회 정의, 자원봉사 분야에서 일하는 모든 주요 단체와 교섭해야 한다.

필자는 테라 마드레가 향후 몇 년에 걸쳐 정치적 위상을 더 공고히 하여 우리의 미래를 상징하게 될 것이라 믿는다. 테라 마드레는 하는 일이나 지리적 배경, 운영 환경이 다르다 할지라도 테라 마드레의 사상을 공유하는 사람이라면 누구나 환영하는 열린 네트워크이다. 테라 마드레는 전 세계 민족들의 역사를 적극 포용함과 동시에 미래를 내다보면서, 식량의 생산, 가공, 분배 그리고 소비에 대한 새로운 접근 방식을 구체화한다. 테라 마드레는 우리가 우리 스스로를 어떤 상태로 몰아넣었는지에 대해 냉철하게 자각하되, 미래를 두려워하지 않는다.

🌾 테라 마드레 네트워크의 탄생

"우리는 영세 농민들, 전 세계 각지에서 토지를 경작하고 있는 사람들의 모임을 대대적으로 조직해야 합니다. 그들 수천 명을 토리노로 초대합시다. 우리는 그들이 토리노로 오게 할 방도만 찾으면 됩니다. 나머지는 그들이 알아서 해낼 것이고, 내용도 그들 스스로가 채워 넣을 것입니다. 나는 그들 모두가, 다시 말해서 유럽인과 북미인들 뿐만 아니라 아프리카와 남아메리카 오지 마을 사람들, 태어나서 단 한 번도 자신들의 땅을 떠난 적이 없었던 사람들 모두 대표가 되기를 원합니다. 왜냐하면 그들에게는 세 가지의 공통점이 있기 때문입니다. 그들의 노동이 생물다양성을 보존하는 데 도움을 주고, 지구 환경에 순응하여 일하며, 좋은 음식을 생산한다는 것입니다."

2003년 말 어느 아침, 나는 가까운 동료들과 이야기를 나누고 있었다. 내가 테라 마드레 행사에 참여시키고 싶은 인원에 대해 말했을 때, 그들은 하나 같이 깜짝 놀랐다. 그들 각자의 개성들이 완벽하게 반영된 그 난감한 표정들은 혼자 보기 아까울 정도였다. 하지만 그들은 즉시 자신이 해야 할 일의 종류와 업무량을 예측했다. 순식간에 작동 모드로 돌입하는 기계처럼 몇몇은 기금을 모으는 일에 착수했고, 또 다른 이들은 이런 모임을 어떻게 진행하는지에 대해 알아보기 시작했다. 우리는 행사 명칭을 그 자리에서 생각해 냈다. 그것은 전 세계 수백만 명의 농부들이 공경하고 우러르는 대지를 가리키는 남미 인디언의 말 '파차마마Pachamama'에서 차용한 '테라 마드레Terra Madre' 즉, 어머니 대지였다.

필자가 이 행사의 아이디어를 얻은 곳은 생물다양성 보호를 위한 '슬로푸드상Slow Food Award'이었다. 슬로푸드상은 우리가 2000년에서 2003년까지 생물다양성을 보존하는 데 기여한 농부들, 어부들, 그리고 요리 전문가들에게 수여했던 상이었다. 가축 사육이나 자생식물 재배, 자연의 결실을 전통 요리로 탄생시킨 분들에게 수여하였다. 적게나마 매년 여남은 명의 사람들이 그 상을 받았는데, 그들은 수백 명의 후보자들 중에서 심사위원단이 선정한 사람들이었고, 그 수백 명의 후보자들을 추천한 것은 전 세계 80여 개국의 700명에 달하는 저널리스트 네트워크였다. 따라서 슬로푸드상의 골격을 만든 이들은 바로 그 저널리스트들이었다. 그들은 시골 사람들이나 전통에 관련된 이야기를 포착해 내는 예리한 눈과 그 중요성을 평가할 수 있는 훌륭한 지성을 갖추고 있었다. 우리가 접촉하고 슬로푸드 업무 차 해외 출장을 나갈 때 만났던 다수의 훌륭하고 멋진 사람들을 소개해 준 사람들도 바로 그들, 저널리스트들이었다.

이 저널리스트 네트워크는 규정에 따라 4년마다 열리는 슬로푸드상 시상식에서 만나야 했는데, 이러한 '사건'을 조직하는 일은 그리 녹록한 일이 아니었다. 첫 번째 슬로푸드상 시상식은 2000년 볼로냐에서 열렸고, 두 번째 시상식은 2001년 포르투에서 열렸으며, 세 번째는 2002년 토리노에서, 그리고 네 번째는 2003년 나폴리에서 개최되었다. 2000년에 열린 제1회 시상식에는 저널리스트들이 모두 총회에 참석했지만, 2001년에서 2003년에는 수상자들만 참석했다. 그래서 2004년은 다시 저널리스트들의 총회를 조직해야 할 시기였다.

그때 내 머릿속에서 번뜩 떠오른 생각은, 그 총회를 조직하는 데 드는 똑같은 경비와 자원으로 저널리스트들 대신 수천 명의 농부들을 초대할 수는 없을까 하는 생각이었다. 사실 수천 명의 농부들이야말로 놀랍고도 훌륭한 이야기들의 진정한 주인공들이 아닌가? 그렇게 되면 그들을 서로 소개시켜줄 수 있고, 그들에게 다른 세상을 볼 수 있는 기회를 제공하고, 또한 그들이 고되지만 숙련된 일상의 노동에 대해 자부심을 느끼게 만들 수 있지 않겠는가?

바로 이러한 이유 때문에 필자는 동료와 협력자들에게 그 아이디어를 던졌던 것이다. 나는 우리가 할 일은 농부들의 여행 경비와 그에 따르는 실무를 처리하기 위한 자금을 모으는 일뿐이라는 생각이 확고해졌다. 나는 시민들과 종교 단체들, 그리고 무엇보다 내가 살고 있는 이탈리아 피에몬테 지방의 농민들이 우리 손님들을 위한 숙박 시설을 마련하는 데 팔을 걷어붙이고 도와줄 거라고 확신했다. 농부들을 일반적인 회의나 대회 참가자들처럼 호텔에 묵게 한다면 무슨 의미가 있겠는가? 농부들은 높은 존엄성을 가지고 환경에 적응하는 법을 잘 알고 있지만, 그들 상당수가 태어나서 지금까지 한 번도 여행을 해 보지 못한 사람들이다. 이름 모를 사람들이 드나드는 호텔 방에서 여장을 푸는 것이 그들에게는 불편하게 느껴질 수 있지 않겠는가? 나는 그들이 휘황찬란한 호텔의 달콤한 유혹에 현혹되기보다는 피에몬테 지방에서 그들과 같은 처지에 있는 사람들과 이야기를 나누고 그들의 농사일에 대해 배우는 것을 더 좋아할 거라는 확신이 들었다.

슬로푸드상 저널리스트 네트워크를 이용함으로써, 전 세계에 있는 8만 명의 우리 협회 회원들과 수많은 식품 생산자들이 생물다양성을 지키기 위한 프로젝트—'맛의 방주Ark of Taste'와 수호대라는 뜻의 '프레시디아presidia'[2]—에 참여하게 되었고, 심사숙고한 선정 과정을 거친 뒤에, 우리는 초대장을 발송하기 시작했다. 행사

....

2 슬로푸드 프레시디아는 생물다양성과 멸종될 위기에 처한 전통 먹을거리를 보호하기 위한 소규모 프로젝트이며, 맛의 방주를 지키고 보존하는 생산자 단체의 이름이기도 하다. 현재 이탈리아 내에 177개의 프레시디아가 있으며, 해외 46개국에 121개의 프레시디아가 활동하고 있다. 이 프로젝트에는 농부, 어부, 정육업자, 양치기, 낙농업자, 제빵사, 제과업자 등, 1만 명 이상의 소규모 생산자들이 참여하고 있다. 이들의 생산품은 품질과 전통 지식의 회복에 기초하고, 제철 식품과 동물 복지를 존중하는 새로운 농업의 구체적이고도 도덕적인 모범 사례이다. 프레시디아는 질 좋은 먹을거리들을 후원하고 홍보한다. 그 먹을거리들은 환경을 존중하는 지속가능한 기술을 사용해서 생산되며, 생산자들의 권리와 그들의 문화를 존중하고 그들에게 합당한 임금과 이윤을 보장하는 조건에서 생산되어야 한다. 또한 그들은 지역경제를 강화하고 생산자와 소비자 사이에 강력한 연대가 구축되도록 지원한다. 프레시디아의 활동을 홍보하고 조정하는 곳은 생물다양성을 위한 비영리 단체인 슬로푸드재단(www.slowfoodfoundation.com)이다.

날짜는 2년마다 열리는 음식 박람회 살로네 델 구스토 Salone del Gusto 개최일과 같은 2004년 10월 20일로 택했다.

1996년부터 우리는 토리노에 있는 린고토 피에레 센터에서 살로네 델 구스토라는 굵직한 국제 행사를 진행해왔다. 슬로푸드 철학을 따르는 국내 및 세계 생산자들의 음식 박람회인 이 행사는 늘 큰 성공을 거두어 왔다. 농촌 사람들과 농부들을 초대하는 데 이보다 더 좋은 기회가 어디 있을까? 살로네 델 구스토에서 발견하게 되는, 놀라운 창조력을 지닌 손들과 그 정신을 지닌 주인공들을 초대하는 데 이보다 더 좋은 기회가 또 있을까? 그리고 그들이 세계적인 미식의 평가 기준인 살로네를 구경할 기회를 가지지 못할 이유가 무엇인가? 그렇게 되면 대중들과 질 좋은 식품 생산자들과 전 세계 수천 명의 농부들이 한 자리에서 만나게 되는 것이다. 그 농부들은 가난과 어려운 생활환경에도 불구하고 자신들의 힘든 노동으로 우리에게 일용할 양식을 제공하는 사람들이다. 따라서 그것은 이 사람들이 가진 문제와 문명을 위한 그들의 싸움에 대한 인식을 높일 수 있는, 결코 놓쳐서는 안 되는 기회였다.

하지만 그 행사를 조직하는 일은 만만한 일이 아니었다. 상상해 보라. 5천 명이나 되는 인원을, 그것도 대다수가 여행에 익숙하지 않을 뿐 아니라 일부는 산골 오지에서 사는 그 사람들을 이동시키기 위해 비행기를 예약하고 숙박 시설을 마련하고 또한 그들을 위해 국내 교통편을 준비하는 일이 얼마나 엄청난 일일지를. 감사하게도 그 모임은 별 탈 없이 진행되어 대성공을 거두었다. 중앙

정부 및 지방 단체들의 도움을 받아서 우리는 그들 모두의 여행 경비를 지불할 자금을 마련했다. 그들 중 상당수가 여비를 댈 여유가 없는 사람들이었기 때문이다. 피에몬테 지방 농가들이 각국의 대표단을 접대할 준비를 하는 모습은 특히 감동적이었다. 2004년 10월 20일, 토리노에 있는 팔라쬬 델 라보로Palazzo del Lavoro 대회장에서, 130개국에서 온 약 5천 명의 사람들이 총회에서 만났고, 거기서 얼마 떨어지지 않은 린고토 센터에서는 수만 명의 사람들이 살로네 델 구스토를 방문하고 있었다.

대회장에는 소작농들과 영세 농장주들뿐만 아니라 어부들, 전통 장인들, 양치기들, 유목민들도 있었다. 하지만 노동조합의 대표나 협회 지도자들은 없었고, 먹을거리를 생산하기 위해 직접 땅을 일구고 바다에서 어류를 잡는 사람들뿐이었다. 이 사람들은 자신의 공동체를 대표해서 토리노로 왔는데, 우리는 그 공동체를 '음식공동체'라 부르기로 결정했다. 음식공동체는 같은 지역에서 같거나 보완이 되는 생산품을 내는 생산자 그룹이 될 수도 있고, 재배자와 가공자들로 이루어진 조합이 될 수도 있고, 또는 지역 먹을거리의 공급 체계가 될 수도 있다. 요컨대 토리노에 나타난 5천 명의 참가자들은 그들의 인원수에서 적어도 백배가 넘는 사람들을 대표하고 있었다. 과장해서 말하자면, 그들은 세계에서 가장 큰 다국적 식품 기업이었다.

2004년 테라 마드레가 진행되는 나흘 동안, 음식공동체 참석자들은 찰스 영국 황태자와 반다나 시바인도 출신의 환경철학자. 생태여성

주의 사상가, 농촌운동가, 반 세계화운동 지도자 같은 명사들의 격려를 받았
으며, 낮에는 모두 한 자리에 모여 대회를 열고, 밤에는 그들이 머
물고 있는 피에몬테 마을 사람들의 집에서 소그룹으로 모여 음식
과 와인을 맛보고 각 지역 농업에 대해 배우며 즐거운 시간을 보냈
다. 행사 때 열린 주제별 워크숍에서 공통된 문제들을 다루었고 참
가자들이 자신들의 경험을 나눌 수 있도록 독려했다. 이러한 행사
들은 테라 마드레가 실제로 조직한 행사의 일부일 뿐이었다. 우리
가 여기에 제일 큰 가치를 부여한 것은 참가자들에게―세상의 다
른 곳을 발견하고 다른 방식의 농업을 접할 수 있도록―여행의 기
회를 주고 그들을 한자리에 모이게 한 일이었는데, 이는 또한 그들
로 하여금 자신의 문화를 대표하고 자신의 독자성에 자부심을 느
끼게 만드는 기회이기도 했다. 독자성이란 본디 다름에 의해 규정
되는 것이 아닌가. 우리는 다양한 사람과 다양한 문화가 만들어내
는 연대가 전혀 예측 불가능한 엄청난 결과를 낳을 것이라는 것을
알고 있었다. 그래서 우리는 우리의 역할을 공동체 대표단들을 잘
보살피는 것으로 국한시켰다.

　우리의 추측은 틀리지 않았다. 매우 놀라운 일들이 일어났던 것
이다. 비록 우리가 행사를 7개 국어 동시통역으로 진행했지만, 나
라와 언어가 서로 다른 농부들은 별 어려움 없이 손짓발짓을 동원
하여 그 자리에서 자신들의 농업 기술과, 자신들이 기르는 곡물과
땅의 특징 등에 대해 설명했다. 그리고 그들은 서로의 말을 척척
알아들었다! 땅을 알고 사랑하고 땅을 일구고 사는 사람들에게는

경계도 없고 장애물도 없다는 사실을 이보다 더 잘 입증할 수 있을까? 주인과 손님의 관계가 대부분 진정한 우정으로 발전했다. 그때 이후로 많은 피에몬테 지방 농부들이 자신들의 집에 머물렀던 사람들의 공동체에 방문하기도 했다. 또한 많은 사람들이 서로 연락하고 지내는데, 이는 물론 우정의 발로이기도 하지만, 비록 지구 반대편에 산다 하더라도 그들은 모두 유사한 투쟁을 벌이고 있기 때문이고, 또한 그들은 정보를 구하고 경험을 배우고 농업 기술을 나눌 필요가 있었기 때문이다. 이러한 관계는 우리가 꿈에도 생각하지 못한 방식으로 전개되었다. 그 다양한 공동체들이 토리노를 떠나기 전에도, 우리는 이미 각자 지역 차원에서 활동하지만 하나로 연대할 수 있는 새로운 세계적 네트워크가 탄생했음을 실감했다. 바로 얼마 전까지만 해도 냉혹하고도 승산 없는 투쟁에서 오직 혼자 힘으로 외롭게 버티고 있다고 느꼈던 사람들이 연대하여 조직한 거대한 공동체 말이다. 이로써 하나의 희망이 그들의 마음속에, 우리의 마음속에, 그리고 일하는 우리를 지켜보았던 모든 사람들의 마음속에 형성되었다.

그렇게나 엄청난 규모와 범위로 행사를 조직하려고 하는 우리를 미쳤다고 했던 사람들은 자신들이 틀렸다는 사실을 인정할 수밖에 없었다. 우리는 스스로 예상했던 것보다 훨씬 더 큰 성취를 이룬 상황에 바라던 것 이상의 기쁨을 느꼈다. 늘 그렇듯, 우리가 마음속으로만 품었던 생각이 다시 꿈틀거리기 시작했다. 그것은 점점 더 많은 사람을 참여시키고, 음식 세계에 대한 우리의 전체론적 전망에 따라 네트워크를 활짝 열어놓는다는 것이었다. 그 전망 속에서 농업, 요리, 경제, 역사, 과학이 서로 민감하게 연결되며, 또한 그 속에는 환원주의나 기계주의가 발붙일 여지가 없다.

따라서 2006년에 우리는 테라 마드레의 의제를 확장하여 요리법과 현대 과학, 전통 지식 사이의 철학적 문제까지 포함시키기로 결정했다. 이에 음식공동체들의 대표단들 외에, 1,000명의 요리사―미슐랭[3] 별점을 받은 쉐프로부터 시골 음식점 주인에 이르기까지―를 초대하여, 그들에게 자신의 경험을 생산자들의 경험과 나눠 볼 것을 요청했다. 이 요리사들은, 그들의 사업장과 제일 가까운 공동체의 농산물로 요리를 만드는 데 동의함으로써 그 공동체의 일원이 되었다. 미국에서는 지속가능한 방식으로 생산되는 신선한 제철 재료들을 사용하는 데 솔선수범하는 주방장들과 요리사들이 점점 더 많아지고 있다. 이들 요리사들과 함께, 테라 마드레 2006년 대회에는 250명의 대학 대표단들도 참가했다. 이들은 통속적이고 전통적인 지식을 조사하고 재평가하며, 옛 전통 방식과 새로운 방식을 편견 없이 동일 선상에서 받아들일 것을 서약한 젊은이들이다. 결국 9,000명에 육박하는 사람들이 토리노에 모였는데, 이번에는 린고토 센터와 가깝고 2006년에 동계 올림픽이 열렸던 장소인 오발에서 열렸으며, 또한 살로네 델 구스토와 공동으로 개최되었다. 이탈리아 대통령이었던 조르조 나폴리타노^{Giorgio}

....

3 프랑스 타이어 회사 미슐랭Michelin이 매년 발간하는 레스토랑 평가서. 별 개수로 등급을 표기하며 별 3개가 가장 높다.

Napolitano가 행사 개막식에 참석했다. 테라 마드레 네트워크는 점점 더 성장했고, 또한 언론의 관심도 점점 더 커져서 대중들도 이 네트워크의 중요성을 인식하게 되었다.

테라 마드레의 농부, 요리사, 학자들은 2008년에 사계절 노동의 현장에서 그리고 모든 의례와 흥거운 시골 축제에서 늘 함께해온 구비문학 및 전통 음악 예술인들과 시골 음악가들을 네트워크의 일원으로 받아들였다. 음악도 음식 세계와 농민 문화의 한 부분이며, 보존되어 마땅한 다양성의 한 영역이다. 2009년에 우리는 각 공동체에 젊은이들 또한 동참하기를 요청했다. 젊은이들은 전통 지식을 이해하고, 조상들에게서 물려받은 땅을 계속해서 잘 돌보아야 하는 막중한 책임을 가진 세대이기 때문이다. 또한 그들은 지구의 미래를 위해 희망을 제공할 세대이기도 하다. 마지막으로 천연섬유 생산자들도 초대했는데, 이들 역시 시골에서 식량 생산자들과 더불어 일하면서 그들과 유사한 문제들, 이를테면 토양 침식, 공산품 및 인공섬유와의 경쟁, 생물다양성의 파괴, 불평등한 시장 법칙 등과 같은 문제에 봉착해온 사람들이다.

세 차례의 대회를 치르고 난 현재, 테라 마드레 네트워크는 153개국에서 온 약 1,600개의 공동체들로 이루어져 있다. 여기에는 미국 대학에서 시작된 이래로 급물살을 타고 전 세계로 확산되어 온 청년음식운동Youth Food Movement에 참여했던 수천 명의 젊은이들도 포함된다. 이들은 학교 구내식당 내 음식의 질을 높이고, 식량체계에 대한 교육을 홍보하고, 농부가 되려고 계획하는 친구들을 격려하고 후원하기로 했다. 이 운동이 널리 확대됨에 따라 여기에 참여하는 요리사나 학자들의 수도 점점 증가하고 있다. 이 네트워크의 구성원들은 슬로푸드에 힘입어, 매일 자신들과 지구를 위해 더 나은 음식을 찾고 있으며, 어스 마켓Earth Market[4]과 같은 대안적인 유통 방식이나 학교 텃밭, 그리고 생물다양성을 보존하기 위해 계획된 다른 교육 프로그램에서 활발하게 활동하고 있다.

테라 마드레 네트워크의 활동은 여기서 끝이 아니다. 우리는 각 국가별 테라 마드레 행사뿐만 아니라 지역 모임과 교육 프로그램 등을 육성할 계획이다. 이렇게 함으로써 네트워크를 강화시키고, 아이디어를 주고받고 언론 매체에 지속적으로 영향을 끼치게 될 것이다. 이에 중추적인 역할을 한 것이 바로 2009년 12월 10일슬로푸드 창립 12주년 기념일로 지정된 '테라 마드레의 날Terra Madre Day'이었다. 이날 음식공동체들은 식량주권과 지역경제라는 주제에 관한 크고 작은 규모의 활동 계획을 가지고 각자의 근거지에서 테라 마드레를 기념했다. 향후 우리는 좀 더 조직적으로, 북미에 있는 공동체지원 농업 CSA Community-supported Agriculture와 이와 유사한 전 세계 식품 유통 모델들, 이를 테면 이탈리아에 있는 소비자 연대 GAS Gruppi di acquisto solidale나 공정거래 소비자 모임, 또는 프랑스의 소규모 농업 보존 연합회 AMAP Association pour le Maintien d'une Agriculture Paysanne 같은 단체와 연대할 계획에 있다. 음식

....
4 어스 마켓은 슬로푸드의 철학을 존중하는 세계적 네트워크의 농산물 시장이다. 보다 자세한 정보는 홈페이지 참조. www.earthmarkets.net

세계에 대한 우리의 전체론적 관점에서는 음식공동체들은 유통, 커뮤니케이션, 기억, 의복, 삶의 질, 건축 기술과 같은 주제들과 긴밀하게 연계되어 있다. 언어를 예로 들어보자. 약 5,900종의 토착 언어를 전 세계 인구 약 3퍼센트가 사용하고 있는데, 그 언어들이 지금 사라질 위기에 처해 있다. 그들 대부분이 우리 음식공동체의 구성원이다. 언어는 세계관을 반영하고, 도구나 기구, 자연현상뿐만 아니라 전통과 작업 방법을 묘사한다. 언어는 판매하고, 기념하고, 이야기하고, 집단의 기억을 보존하는 수단으로서의 역할은 말할 것도 없고, 음식과 음식을 생산하는 전통적 방법과 마찬가지로 음식공동체의 문화 정체성을 형성하는 핵심적인 부분이다.

우리는 현재 피에몬테 주 당국Piedmont Reginal Authority과 협력하여 '링구아 마드레Lingua Madre'라는 모국어 프로젝트를 발전시키고 있다. 이 프로젝트를 통해 우리는 조상들이 쓰는 언어들을 지키는 일에 힘을 쏟음과 동시에 세대 간 협력의 긍정적 가치를 홍보하는 일에도 힘쓰고 있다. 이는 우리가 애써 지키지 않으면 사라지게 될 소중한 지적 유산인 이전 세대의 지혜를 존중하는 일이다. 이 프로젝트는 보호되고 보전되고 서로 결속되어야 할 필요가 있는 하나의 통합된 지역 시스템이며, 또한 '식량'이라는 거대한 태양 주위를 도는 하나의 시스템이다.

✣ 테라 마드레는 시이자 정치

테라 마드레가 성장함에 따라, 우리 내부에서는 매일 새로운 현안들과 부닥치는 한편 바깥 세계에서는 엇갈린 반응들을 불러일으켰다. 사실 테라 마드레 대회를 2년마다 열리는 살로네 델 구스토와 함께 개최하기로 한 결정은 이 행사에 대한 대중과 미디어의 인식에 결정적인 영향을 끼친 탁월한 선택이었다. 하지만 모든 것이 계획대로 진행된 것은 아니었다.

2004년에 열린 첫 번째 테라 마드레 행사는 일반인들이 참가할 수 없는 비공개로 진행되었다. 왜냐하면 각 공동체의 대표단들만 참석한다 해도 총인원이 5,000여 명에 달했고, 그들이 만나서 함께 일하도록 테라 마드레는 대부분의 전통 축제와 같은 보여 주기 식 행사가 아니므로 그들은 실제로 함께 일한다 이탈리아 북부로 수송하는 책임을 맡은 진행요원들은 그 많은 인원을 감당하는 것만으로도 벅찼기에 일반 대중들까지 인솔한다는 것은 생각도 할 수 없는 일이었다.

하지만 2006년에는 가능하면 이 행사에 관심을 가지고 있는 일반인들에게도 개방하기로 결정하고, 대회 장소도 살로네 델 구스토의 대회장인 린고토 센터와 가까운 곳으로 옮겼다. 이는 많은 사람이 우리 의도와 달리 테라 마드레 첫 번째 대회를 살로네 델 구스토와 별개의 행사로 인식한다는 사실에 따라 내려진 결정이었다. 가난한 농부들과 소작농들의 대회였던 첫 대회가 열렸을 때, 그 당시 살로네 델 구스토 참가자들은 고풍스럽고 화려한 민속의

상을 입은 테라 마드레 행사 참가자들과 거리에서 마주쳤고 기자들도 이색적인 풍경에 관심을 보이며 그들에 대한 기사를 다루었다. 살로네 델 구스토는 그 대회에 비하면 경제적으로 여유 있는 부자 나라 손님들을 위해 산해진미가 가득 차려진 축하연처럼 보였다. 물론 그것은 우리가 의도했던 것과는 정반대의 모습이었고, 실제의 모습을 정확히 전달하는 데 실패한 결과였다. 우리는 즉각적으로 뿌리 깊은 편견에 봉착했음을 깨달았다. 그것은 우리 사회가 음식, 요리, 즐거움이라는 한 측면과 농업, 문화, 헌신이라는 또 다른 측면 사이의 관련성을 당연한 것으로 받아들이지 않는다는 것이었다. 당연하기는커녕, 이 두 측면의 관련성은 대다수의 사람들에게 있어서는 상상도 할 수 없는 일이었다.

사실 테라 마드레 전 참가자들이 한데 모이면 그야말로 장관을 이룬다. 특히 처음 보는 사람들이 다양성이라는 이 거대한 용광로와 마주하게 되면 깜짝 놀라 나자빠질지도 모른다. 수많은 대표단들은 첫 해부터 전통 의상을 자랑스레 차려입기로 결정했다. 그들이 본 회의장이나 오발과 린코토 주위를 어슬렁거리는 광경은 실로 굉장하다. 그것은 세상의 대지에서 일하며 살아가는 사람들의 진솔한 삶의 한 단면이지만, 그 광경을 보고 제3세계의 화려한 퍼레이드 가난한 사람들의 전통 의상은 미국이나 유럽의 농부들의 복장보다 대체로 더 화려하고 눈에 띈다를 보고 있다는 착각을 하거나 목가적이고도 향수 어린 감상에 젖게 되는 것도 무리가 아니다. 하지만 그것은 테라 마드레가 아니다. 물론 그 각양각색의 사람들이 한 장소에 모여 있는 광경이나 전시장 주위를 행복하고 호기심 가득한 표정으로 오가는 모습을 보는 것은 유쾌한 경험이다. 그것은 실로 감동적인 광경이며, 그것을 지켜본 모든 사람들은 틀림없이 어떤 감정의 동요를 느꼈거나 자극을 받았을 것이다. 이것은 테라 마드레의 시적인 측면으로서, 사람들로 하여금 그들의 다양성에 깃든 존엄성과 아름다움으로부터 영감을 받게 한다. 또한, 그들이 한데 모여 있는 광경을 목격하거나 그들이 대지에서 일하는 것을 상상할 때 깊은 감흥에 젖어들게도 한다. 하지만 테라 마드레는 이러한 시적인 측면과 함께 정치적인 측면도 가지고 있다.

테라 마드레는 전 세계의 힘없는 아웃사이더들을 연대시키고, 또한 그들 스스로가 중요한 존재라고 느끼게 만들고 싶은 우리의 꿈을 실현시켜 준다. 이들의 중요성은 늘 과소평가되어 왔다. 세상은 이들 영세 농민들을 시대의 변화에 발맞추지 못하고 뒤쳐져 있으며, 심지어 '저개발 되었다'고 간주하면서 사실상 개밥의 도토리처럼 취급했다. 하지만 이러한 부정적인 판단은 세계 정치 및 경제 시스템에 치명적인 결과를 가져올 수 있는 중대한 잘못에서 비롯된 것이다. 테라 마드레는 늘 초라하고 미미한 존재였던 사람들, 이른바 '개밥의 도토리' 취급을 받아왔던 사람들을 연대시키고 스스로를 중요한 존재로 자각하게 만들려는 꿈을 실현시킨다.

사실 지금까지 정치는 농부들을 민주적 과정에서 제외시켜 왔다. 부유한 서방세계에서는 그들의 수가 적어서이며, 대부분의 개발도상국에서는 그들이 선거철에나 이용당하는, 질 높은 삶을 누릴 자격조차 없는 무리라고 간주되어 왔기 때문이다. 그럼에도 불구하고 이들은 지혜와 지식을 이어왔고, 자연에 순응하면서 좋은 음식을 생산해 왔으며, 또한 '선진화된' 나라에 살고 있는 우리가 오래 전에 소비주의의 제단에 희생시켜 버린 가치와 관행들을 지켜왔다.

테라 마드레 음식공동체들은 우리가 지워 버렸던 것들, 즉 냉철한 이성과 보다 인간적이고 실물적인 경제를 구해낼 것이다. 우리들이 먹는 음식의 미래는 그들 손에 달려 있다. 하지만 그들이 요구하는 것은 거창한 것이 아니다. 그들의 말에 귀를 기울이고, 그들의 전통과 소질을 이어갈 수 있게 해 주고, 또한 그들을 존중해 달라는 것뿐이다. 음식은 정치다. 다양성의 존중은 정치다. 우리가 자연을 소중히 여기는 방식은 정치다. 따라서 테라 마드레는 정치다. 이러한 종류의 정치가 시적인 뉘앙스를 풍긴다고 해서, 아름다움과 고결함이 진지함과 실질적인 것과 융합한다고 해서 과소평가되어야 하는 것은 아니다. 윤리학과 미학은 더 이상 분리되어서는 안 된다. 테라 마드레의 시와 정치는 세상을 향해 스스로를 타락의 길로 걷는 행위를 중단하라고, 삶의 질을 떨어뜨리고 그들에게서 자결권을 박탈하고 있는 세계적 균일화 과정을 멈추라고 촉구한다.

테라 마드레가 지닌 가치는 실로 풍부하다. 그것은 혁명적이고, 우리의 운명을 바꿀 수 있고 우리 각자를 크게 변화시킬 수 있는 가치들이다. 우리가 살고 있는 지구의 재앙을 막을 방법은 그 길 밖에 다른 방도가 없다.

🦋 테라 마드레의 가치들

테라 마드레는 겸손하면서도 자부심이 있으며, 매우 다양한 사람들로 구성된 집단이다. 그들이 다루는 지식은 아주 오래된 것이지만 또한 매우 현대적이기도 하다. 그들의 다채로운 외적 측면은 시적인 감흥을 자극함과 동시에 정치적인 참여를 북돋운다. 첫인상은 자칫 편견을 낳을 위험이 있다. 하지만 테라 마드레 사람들을 정확하게 규정하기란 사실상 불가능하다. 그들을 어설픈 잣대로 분류하거나 재단할 수도 없다. 바로 이것이 그들을 겉으로 판단하기 보다 더 깊게 탐구해야 하는 이유다. 우리는 이 사람들을 움직이는 가치가 무엇인지 알아낼 필요가 있다. 이렇게 함으로써 궁극적으로는 그들이 어떤 식으로든 규정될 필요가 없으며, 그들이 현재의 상태 그대로 삶을 영위할 권리가 있음을 알게 되는 것이다. 그들의 존재를 모두 다 캐낸다는 것은 어불성설이다. 우리는 그저 그들의 만남을 주선해 줄 뿐이다.

여행과 만남

전체 프로젝트는 여행과 만남이라는 두 가지 단순한 개념에서 출발했다. 테라 마드레 공동체에 속한 대부분의 구성원들은 평생 고향 마을 밖으로 나가거나 다른 나라로 여행을 해본 적이 한 번도 없는 사람들이었다. 그것은 멀리 떠날 시간이나 여비가 없었기 때문이거나, 다른 사람들에게 초대 받은 적이 한 번도 없었기 때문이기도 했다. 우리가 테라 마드레를 하나의 대회 형식으로 구상하면서 생각했던 일차적인 목표는, 이 사람들에게 그들은 혼자가 아니며, 그들이 처한 현실과 똑같은 상황을 세계 도처에서 찾아볼 수 있으며, 또한 그들에게 동지가 있다는 사실을 전하는 것이었다. 어떤 식이든 간에 여행은 교육적이고 시야를 넓혀 준다. 그러니 '지구촌'화된 세상에서 이 사람들도 다른 문화를 접하고 경험함으로써 배움의 기회를 갖는 것은 지극히 마땅하고 옳은 일이 아니겠는가.

그들에게 여행의 기회를 줄 수 있다는 그 사실만으로도 우리에게는 이미 성공으로 여겨졌다. 독자성은 다름과 교류에 의해 강화되고 더욱 정확하게 규정되는 법이다. 이 사람들을 자신에 대해 그리고 그들과 긴밀하게 결합된 '어머니 대지'에 대해 이야기할 수 있게 한 것은 이 프로젝트의 중요성을 드높이는 결과를 가져왔다. 아직도 필자의 머릿속에 남아 있는 생생한 기억이 있다. 2008년에 에티오피아 아디스아바바에서 개최된 '에티오피아 테라 마드레이탈리아에 뒤이어 탄생한 에티오피아의 국가 행사'에서 웬치Wench 화산의 꿀 생산자 공동체의 일원인 한 에티오피아 노부인의 소박하지만 감동적인 시 낭송을 들었을 때의 기억이다. 그녀의 시는 평생 처음으로 자신의 고향 마을을 떠나 토리노로 여행하면서 느꼈던 즉흥적인 감흥을 써내려간 것이었다. 그녀는 단조롭고도 반복적인 시 구절 속에 자기가 다른 나라, 다른 땅, 다른 농경문화를 볼 기회를 준 모든 사람들에 대한 고마움을 담아냈다. 그녀의 시에는 세계 여러 나라의 다양한 문화를 발견한 놀라움과 두려움이 섞여 있을 뿐 아니라 자기가 이탈리아에 머무는 동안 돌봐 주었던 피에몬테 지방 농가 가족에게 감사하는 마음이 가득 담겨 있었다. 평생을 바쳐 가족들을 위해 농사를 지어오다가 난생 처음으로 자기 마을을 떠났던 그 노부인은 자신이 느낀 감정을 종이에 쓰고 싶은 충동을 억누를 수가 없었던 것이다. 노부인의 글에는 마치 난생 처음 환상 모험을 경험한 어린아이 같은, 강렬한 경이로움이 느껴졌다. 그녀가 말하는 한마디 한 마디에 감동받지 않을 수 없었다.

그 여행이 이 사람들에게 어떤 영향을 끼쳤는지에 대해서는 브라질 영화감독 마누엘 카발로Manuel Carvalho가 만든 「베네 씨 이탈리아에 가다Seu Bené vai pra Italia」라는 다큐영화에서 기막히게 잘 표현되어 있다. 이 다큐영화는 아마존 강 유역의 파라Pará 주에서 카사바를 재배하는 60세 농부 베네디토 바티스타 다 실바Benedito Batista da Silva가 그의 고향 마을 브라간사Bragança를 떠나 이탈리아 토리노로 향하는 여정을 담고 있다. 이 영화에는 다양한 문화의 만남, 즉 전 세계에서 온 영세 농민들과 유럽 문화의 만남이 진솔하게 그려져 있다. 베네 씨와 그가 묶었던 이탈리아 농가 가족과의 관계가 깊은 우정으로 발전함에 따라, 문화적 경제적 물리적 장벽들이 서서히 무너지고, 베네 씨는 이탈리아 말을 한 마디도 못함에도 불구하고 그들과 대화하고 새로운 것을 발견하면서 즐거운 시간을 보낸다. 그는 나중에 고향으로 돌아가서, 자신이 이탈리아에서 무엇을 보았고, 무엇을 했고, 무엇을 느꼈는지를 자기 마을 사람들에게 얘기해 줄 생각에 한껏 들떠 있다. 이 다큐영화는 잔잔하면서도 강한 메시지를 전한다. 하나의 작은 계기가 베네 씨와 베네 씨 주위 사람들의 삶을 어떻게 바꾸어 놓는지 그 과정을 잘 보여 준다. 이제 베네 씨와 그의 친구들은 자신이 하는 일을 더 자랑스러워 할 것이고, 아무리 멀리 떨어져 산다고 해도 그들은 세상의 일부이며 또한 세상과 함께 일하고 있다는 사실을 인식하게 될 것이다. 그들은 새로운 친구들을 사귀었다고 깨닫게 될 것이다.

여행은 이렇게 하여 사람들의 만남인 대회로 이어진다. 이는 자신의 의견을 피력하거나 주장하고, 다른 사람들을 이해하며, 다양성을 통해 새로운 것을 배우거나 친화력으로 연대하는 멋진 방법이다. 이것은 언제나 테라 마드레의 가장 감동적이고 고무적인 측면이었다. 테라 마드레 대회는 전 세계의 신생 생산자 조합들 중에서 가장 의미 있는 계획들과 가장 지속성 있는 관계망들을 만들어 냈다. 이 만남에서 각각의 독자성은 긍지와 자부심을 갖고 테라 마드레라는 커다란 모자이크를 구성하는 중요한 조각으로서의 역할을 하고 있음을 인식하게 되었다.

참가자들에게 있어 그 대회는 무엇보다 외롭다거나 고립되었다는 감정을 더 이상 느낄 필요가 없다는 것을 의미했다. 이것은 러시아 툴라에 있는 '바이오다이나믹[5] 생산자 공동체'의 마르쿠스 프리드리히 슈마허Markus Friedrich Schumacher의 의견이다. 그는 에

....
5 '생물역학'으로 번역되는 자연 친환경적 경작법으로, 화학 비료와 농약을 사용하지 않는 것은 물론, 별과 달의 주기에 맞춰 농산물을 재배하는 궁극의 자연농법 _옮긴이 주

르마노 올미[6] 다큐영화 「테라 마드레Terra Madre」(2009) 속의 인터뷰에서 이렇게 말했다.

"나는 그 대회에 외로운 투사로서 참석했지만, 집으로 돌아올 때는 더 이상 그렇게 느끼지 않았다. 내 자신이 마치 위대한 운동의 한 부분처럼 느껴졌다. 하지만 내 목표는 크게 달라지지 않았다. 유일하게 달라진 점이 있다면 이제 더 이상 그 목표를 나 혼자 추구하고 있다고 느끼지 않는다는 점이다. 나는 매일 일어나서 일하러 나간다. 그리고 이 일은 내가 진정으로 사랑하는 일이다. 나는 내가 하는 모든 일에 나의 사랑을 전한다. 그리고 바로 그러한 사랑이 우리 농산물과 여느 다른 생산물을 구별하는 중요한 차이점이다. 여러분은 밥상에 오르게 될 우리 농산물 속에 담긴 우리의 사랑을 보고 느끼고 맛볼 수 있다."

테라 마드레 회의장도 여느 다른 대회장처럼 농부들, 어부들, 그리고 다른 참가자들 사이에서 호기심과 궁금증이 샘솟는다. 그들은 다른 사람들은 어떻게 작업하고 기술적인 문제는 어떻게 해결하는지에 대해, 그리고 좋은 가격을 받는 법이나 땅에 물대기, 음식 가공하기, 가축 먹이기 등에 대해 서로에게 묻기 시작했다. 이곳에서 교환되는 정보의 양은 엄청나며, 아무리 단순하고 기초적인 정보라도 결코 무시되는 법이 없다.

....

6 Ermanno Olmi, 1931~. 이탈리아 롬바르디아 태생의 다큐멘터리 감독이자 영화감독. 1977년 「나막신 나무 The Tree of the Wooden Clogs」로 칸 영화제에서 황금종려상을, 1988년에는 「영험한 애주가의 전설The Legend Of The Holy Drinker」로 베니스 영화제에서 황금사자상을 수상함 _옮긴이 주

자부심

테라 마드레 대표단이 고향으로 갈 때 가지고 가야 할 가장 중요한 것, 우리 네트워크의 일원으로 남겠다는 확신을 심어준 것은 바로 자부심이다. 자부심은 자신의 가치에 대해, 그리고 그들이 매일 하는 일에 대해 새로이 눈뜬 긍정적 견해이다. 이것은 현재 대중문화에서 떠들어대는 대단한 업적 같은 게 아니다. 수천 명의 테라 마드레 대표단에게는 자부심을 갖는다는 것이 힘들게 느껴질지도 모른다.

부르키나파소[7]에 위치한 어느 따분한 마을의 영세농민을 한번 떠올려 보자. 또는 동남아시아 해안에서 멀리 떨어진 어느 외딴섬에서 작은 배 한 척으로 연명하는 어부나, 마다가스카르에서 쌀농사를 짓는 농부, 브라질 세하도Cerrado에 사는 인디오를 떠올려 보자. 아니면 종자를 보존하여 인도의 놀라운 생물다양성을 보호하는 일에 일익을 담당하고 있는 어느 시골 농부나, 몽고의 양치기 유목민, 또는 순록 떼를 따라 노르웨이, 스웨덴, 핀란드, 러시아를 가로지르는 사미Sami족을 떠올려 봐도 좋고, 이탈리아 아브루초주Regine Abruzzo에 사는 목동, 아프가니스탄의 건과일 생산자, 그리고 크로아티아 사라예보 근처에서 채소를 재배하는 농부를 떠올려도 좋다. 이들 모두는 매일 쓰러질 때까지 일하는 사람들이고,

....

7 19세기 말 프랑스 보호령이 되었다가 1960년에 '오트볼타'라는 국명으로 독립한 아프리카 서부에 위치한 공화국. 1984년에 국명을 '부르키나파소Burkina Faso'로 바꾸었는데, 이는 '정직한 사람들의 나라'라는 의미다. _옮긴이 주

자신을 위해 쓸 시간이 거의 없는 사람들이고, 자신들의 집을 절대 떠나지 못하는 사람들이며, 한 번도 온당한 노동의 대가를 받아 본 적이 없는 사람들이다. 그들은 자신의 일에 전념하고, 자연을 벗 삼고, 결실을 수확하고, 그 수확물을 그들의 공동체와 다른 많은 사람에게 제공하는 사람들이다.

하지만 그들을 제외한 나머지 사람들은 과거는 물론 현재에도 이 사람들이 주변적이고 비생산적이라고 여긴다. 아무도 그들에게 관심을 가지지 않으며, 공동체 밖에서는 마치 개밥의 도토리 같은 취급을 당한다. 그 결과 농사를 때려치우고 싶은 충동이 일고, 큰 도회지에 가면 더 나은 기회가 있을 것 같은 생각이 점점 더 강하게 든다. 결국 많은 사람들이, 소비주의의 현란한 불빛을 좇으며 사는 것도 그리 잘못된 생각이 아니며 어쩌면 그것이 이름 없던 사람이 중요한 사람이 되는 길일지도 모른다고 믿게 된다. 그들은 진정한 황무지는 다름 아닌 소비주의의 신전이라는 사실을, 다시 말해서 현재 희망을 잃고 가난에 신음하는 자들로 넘쳐나는 소비주의의 신전이라는 사실을 깨닫지 못한다.

그들과 달리 테라 마드레에 참가한 대표단은 언제나 '중요한 사람들'이다. 그들은 그들 자신과 다른 사람들을 먹이고, 자신이 살고 있는 자연과 문화와 상호작용할 수 있는 노하우를 가지고 있다. 여러분은 가난한 나라를 방문하거나 그 지역 사람들과 얘기를 나눠 본 서양인들의 입에서 "물론 그들은 가난하다. 하지만 다들 행복해 보인다"라는 말을 들어 본 적이 있을 것이다. 이는 남반구의 나라를 여행하고 돌아온 사람들로부터 많이 듣는 말 중 하나이기도 하다. 사실 이 말은 그 가난한 나라의 사람들은 부자 나라 사람들이 이미 잃어버린 중요한 무언가를 지금까지 보존해왔다는 것을 의미한다. 자연적이고 선천적인 무엇을, 그들 스스로도 소유하고 있다는 사실을 미처 깨닫지 못하는 중요한 무언가를 말이다.

테라 마드레는 그들에게 그들이 지금 하고 있는 일이 얼마나 중요한지를, 다시 말해서 우리가 그들을 첫 번째 테라 마드레 행사 때부터 정의해 온 표현인 '대지의 지식인'으로서 그들의 역할이 우리 지구의 미래를 위해 얼마나 중요한지를 알려왔다. 그리고 이를 통해 그들로 하여금 그들이 처한 상황이 결코 특수하지 않다는 것을, 그들과 멀리 떨어진 어느 지역에도 그들만큼이나 버려졌다는 느낌을 받아온 다른 사람들이 존재한다는 사실을 알게 해주었다. 자부심은 결코 과소평가되어서는 안 된다. 자부심은 회복력과 인내와 자기 개선이라는 개인적인 여정의 출발점이기 때문이다.

감성적 지성

자부심 회복과 만남의 경험은 음식공동체들을 풍요롭게 하고 새로운 아이디어를 주었을 뿐만 아니라 그들을 서로 연대시키는 데도 도움이 되었다. 공동체들은 비록 그들이 서로 다르지만 공유할 것이 많다는 것을 깨달았다. 그것은 태도이고, 어머니 지구의 한 특정한 지역에서 발달한 개인 및 집단의 역사에 관한 것이다. 공동체들은 이제 그들이 운명을 공유하고 있음을 알고 있다. 그들은 에드가 모랭Edgar Morin, 프랑스 대표 사회학자이자 철학자, 문명비평가의 말처럼 '운명 공동체'이며 그들 자신들의 미래의 주인들이다. 필자가 '감성적 지성affective intelligence'이라고 부르는 정서가 싹트고 있다. 그것은 개인주의와 더없이 엄격한 합리성이 지배하는 소비사회의 법칙을 벗어난 것이다. 테라 마드레 공동체들은 그들의 지혜와 능력과 생활방식에서 유래한 형제애를 늘 실천해왔다.

자유, 평등, 박애는 프랑스 혁명의 이념이다. 비록 간혹 부적절하게 언급되기는 하지만 이 세 가지 이념만큼 널리 인식되고 있는 것도 그리 흔치 않으리라. 하지만 이 세 가지 이념 중에서 형제애를 의미하는 '박애'는 어느 순간부터 서구 사회의 가치 체계에서 사라져버린 것 같다. 테라 마드레 공동체들과 그 공동체를 구축하기 위해 연대한 사람들이 소비주의, 낭비, 과학기술 편중주의, 산업 균질화의 법칙을 받아들이기를 거부하는 것은, 단순히 그들이 이러한 것들에 대한 인식이 부족해서라는 주장은 결코 사실이 아니다.

감성적 지성은 테라 마드레를 결속시키는 강력한 접착제이며, 이것이 있는 이상 그 어떤 외부 세력도 그들을 분리시킬 수 없다. 이성적 지성이 판을 치는 세상에서, 적어도 우리는 감성과 우애를 바탕으로 한 네트워크를 가지고 있다고 자부한다. 사람들은 이러한 감성적 지성을, 테라 마드레 회의나 '지구 워크숍Earth Workshop'과 같은 곳에서 호흡할 수 있을 뿐만 아니라, 전 세계에서 개최되는 테라 마드레 지역 행사에서 나오는 보고서에서도 접할 수 있다. 그것은 풀뿌리 차원에서 자발적으로 탄생된 중요한 요소이다. 지금까지 테라 마드레 행사는 에티오피아, 탄자니아, 스웨덴, 아일랜드, 벨라루스, 브라질, 네덜란드, 아르헨티나, 그리고 케냐에서 열렸다. 테라 마드레 네트워크는 정치인들을 끌어들여 영세한 먹을거리 생산자들과 지역 공동체 경제를 지원하도록 요청함으로써 지역 및 국가 차원에서 영향을 주고 있다. 시멘트처럼 단단한 이 형제애가, 테라 마드레가 지나치게 조직화되지 않은 자유로운 공동체로, 그리고 외부의 개입 없이 주권과 자결권을 획득한 공동체로 성장하게 만든다. 또한 '어떤 권력도 존재하지 않고, 약간의 지식과 약간의 지혜, 그리고 가능한 많은 풍미를 가진'[8] 미래를 향해 열심히 일하는 동안에 즐거움을 잃지 않는 것도 바로 이 형제애 덕분이다. 음식공동체보다 지구의 풍미를 되찾는 일을 더 잘 해낼 자가 누가 있겠는가?

다양성의 힘

테라 마드레 공동체들의 만남이 가지는 또 다른 긍정적인 측면은 그 누구도 그들에게 무엇을 하라고 시키거나 강요하지 않는다는 점이다. 그들은 "제3차 산업혁명에서 주도적인 역할을 하게 될 것이며, 세상을 바꾸고 현재 진행되는 위기로부터 우리를 구제해 줄 '뉴딜'의 주역"이라는 것이 테라 마드레의 지도 이념이기 때문이다.

음식공동체들은 그 어떤 것도 새로 만들어낼 필요가 없다. 그들

....
8 「롤랑 바르트, 마지막 강의」 롤랑 바르트, 변광배 옮김, 민음사, 2015

이 할 일은 지금까지 늘 해왔던 일들을 계속 수행하는 것뿐이다. 수세기에 걸친 적응 과정을 통해 지역에 맞게 틀을 갖춰온 그들의 일을 그들보다 더 잘 해낼 사람은 이 세상에 아무도 없다. 음식공동체들은 땅을 훼손하지 않고 결실을 수확하는 법을 잘 알고 있다. 또한 그들은 재사용과 재활용을 실천하며, 쓰레기를 활용하여 땅을 비옥하게 해서 농산물의 생산량과 질을 높여 왔다. 그들은 언제나 조직적으로 일해 왔으며, 이것이 바로 음식공동체들의 생산성 혁명이다.

외부인들도 음식공동체들의 이러한 태도와 실천들을 배울 수 있고, 농촌 환경과 전혀 다른 도시에도 적용할 수 있다. 그리고 그들이 배운 것들을 도시 환경에 적용하여 지금까지와 다른 생활 방식과 작업 방식을 개발할 수도 있다. 모든 것은 사고방식과 문제를 해결하는 방식에 달려 있기 때문이다.

만일 여러분이 테라 마드레 공동체의 지적 문화적 범위에 대해, 그리고 다양한 삶의 측면들을 주목하는 방식에 대해 명확히 이해하지 못한다면 식민주의자들이 저질렀던 전형적인 잘못을 반복하기 쉽다. 그것은 바로 그들의 아이디어와 자원을 도둑질함과 동시에 그들을 변화시키려고 하는 것이다. 이것은 테라 마드레 조직자들이나 공동체 네트워크를 후원하는 사람들이 늘 경계해야 하는 태도이다.

사람들은 테라 마드레의 머리에 '슬로푸드'의 관을 씌우고 테라 마드레가 슬로푸드에 속한 단체라고 쉽게 단정한다. 하지만 사실은 그렇지 않다. 슬로푸드는 말하자면 테라 마드레가 발효되고 부풀어 오르게 하는 촉매제나 발효제 같은 역할을 했을 뿐이다. 회원들, 프로젝트들, 그리고 음식 세계와의 상호작용을 통해 슬로푸드가 테라 마드레 네트워크의 일부가 된 것이지, 결코 그 반대가 아니다. 슬로푸드는 테라 마드레 네트워크를 지지하고 원조하고, 지식을 제공하며, 연결망의 교점들이 제대로 작동하도록 힘을 쓴다. 하지만 그 누구도 슬로푸드가 네트워크를 지배한다고 주장할 수 없다. 그것이 바로 테라 마드레 네트워크가 타인과 다양성, 자연에 대한 신뢰에서 만들어진 이른바 '엄격한 무정부 상태'로 통치된다고 하는 이유이다.

이 엄격한 무정부 상태는 우리에게 희망을 가져다주고, 또한 우리가 불확실성으로 얼룩진 미래와 맞서는 데 두려워하지 않도록 가르친다. 우리는 다양성이 창조성과 발전, 문제 해결을 가져다준다는 것을 알고 있다. 만약 우리가 자연을 존중하면 대지는 우리에게 한없이 너그러운 '어머니'가 되어 준다는 것을 우리는 알고 있다. 또한 사람들이 행복하고 당당하게 살고, 자신들의 노동에 만족한다면 자연이 우리를 도와줄 거라는 사실도 알고 있다.

테라 마드레는 정치적인 주제일지도 모른다. 하지만 명령을 내리는 사람은 아무도 없다. 공동체는 스스로 자신이 하는 일이 무엇이며 앞으로 계속 해나가야 하는 일이 무엇인지를 알고 있다. 더 크고 복잡한 시스템을 위한 기계적인 접근 방식은 버려야 한다. 말하기보다는 듣는 법을 배워야 한다. 공동체가 도구적 목적으로 사용될 수 있다고 보는 것은 대의를 잃어버린 태도이다. 다행히 이 놀라운 사람들은 통제가 불가능했다. 설령 그들이 통제되기를 원했을지라도 말이다.

세상은 이 음식공동체 사람들을 2년마다 세상 사람들의 주의를 끌려고 축하 행진을 벌이는, 숨어 있는 군대라고 쉽게 말하는 우를 범한다. 그들이 소개한 지식, 아름다움, 문화는 이해의 한계를 넘어선 하나의 기적이다. 이 공동체는 설명되기 위해 존재하는 것이 아니다. 우리는 그들의 말에 귀 기울여야 하고, 그들은 의견을 말하고 자신의 생각대로 행할 수 있어야 한다. 이 공동체는 균질화^{均質化}, 소비주의, 패스트 라이프fast life와 정반대의 입장에 서 있다. 슬로푸드 운동이 일어난 이래로 패스트 라이프는 우리가 반대해 온 생활양식이다. 음식공동체들의 존재는 이 세상 모든 사람들이 대량생산과 대량소비의 악폐에 물들지 않았다는 증거이다. 따라서 우리에게는 아직 희망이 있다.

그들이 자연과 상호작용하는 능력은, 그들로 하여금 가장 발전된 연구, 지조 없는 자본가들, 가장 영향력 있는 기업들이 간과해 온 지식의 관리자로 만들었다. 공동체에 속한 사람은 자신의 단순한 노하우로 음식과 에너지, 도구들을 생산한다. 그리고 그렇게 하는 동안, 그들은 행복과 진정한 인간관계와 모두를 위한 풍부하고 만족스러운 생활을 만들어낸다.

우리로 하여금 테라 마드레에 참여한 사람들과 미래에 대해 확신을 갖게 만드는 테라 마드레의 본질적인 특징은 바로 다양성이다. 다양성은 상부 하달식 명령과 점차 그 능력을 잃어가고 있는 경제 이론을 적용하지 못하게 한다. 다양성은 얼핏 어수선하고 통제하기 어렵고, 설명할 수 없는 것처럼 보인다. 하지만 우리가 해야할 일은 다양성을 신뢰하고, 다양성을 성장시키고, 다양한 구성원이 하는 말에 귀를 기울일 뿐 아니라 그들 스스로 의견을 표출할수 있게 하고, 구세대를 존중하는 동시에 다양성이 신세대들에게 뿌리 내리게 하는 것이다.

다양성은 지성과 인간 창조성을 기린다. 또한 모든 사람이 좋아하는 음식을 충분히 먹을 수 있고, 육체와 정신에 영양을 공급하는 음식을 먹을 권리를 보장하기 위해 우리가 성취해야 하는 모든 것을 기리는 것이다. 우리가 모든 지식에 동등한 존엄성이 부여되는 이러한 다양성을 수용하여, 지구에 내재된 모든 연결 고리들이 분리되는 것을 막는 데 필요한 모든 일이 이뤄지기를 바란다. 이런 목적을 이루는 데 있어 다양성은 장애물이 아니라 하나의 기회다.

그을린 얼굴과 흥겨운 노동요, 옹이가 박힌 손은 매일 땅 위에 그리고 공동체 속에 존재한다. 심지어 필자가 이 글을 쓰고 여러분이 책을 읽는 이 순간에도. 이것이야말로 미래 희망의 가장 큰 요소이다. 이 사람들은 그들의 네트워크가 늘 자유로울 것이며, 현재는 물론 앞으로도 엄격한 무정부 상태를 유지할 것임을 약속하는 우리의 보증인들이다. 그들의 네트워크는 다양성을 무한대로 구현하지만, 그렇다고 걱정할 필요는 없다. 이 사람들은 음식공동체의 일원이 되기 위해 전력을 다하고 있기 때문이다.

2장

음식공동체

오늘날 음식은 지구, 지구 자원, 지구가 재생될 기회를 먹어치우고 있다. 자연의 수많은 구성 요소 중 하나인 우리 인간도 음식에게 먹히고 있다. 우리는 음식의 '소비자'가 됨으로서, 사실상 우리 자신이 음식에게 먹히도록 허용하는 것이다.

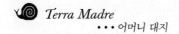

Terra Madre
••• 어머니 대지

•••　　　　음식공동체는 새로운 세계 식량 정책에서 주도적
인 역할을 하고 있다. 이 장에서는 음식공동체라는 개념이 테라 마
드레에서 중요한 부분을 차지하게 된 배경과 그 발전 과정을 설명
하려고 한다.

　음식공동체라는 용어는 테라 마드레 첫 번째 행사에 초대할 사
람들의 공통점을 찾을 때 나왔다. 이 말은 일종의 '단위'를 나타내
는 용어로 쓰였으며, 우리는 그 단위별로 지도력 있는 대표자와 외
국어 능력을 포함하여 소통 기술이 뛰어난 사람들을, 한마디로 말
해 테라 마드레 행사에 초대하기에 가장 적합한 사람들을 선정하
게 되었다.

　우리가 받은 후보 명단과 우리가 수집해 온 정보에는 마을과 소

수민족집단, 소규모생산자협회, 가족, 소비자조합, 전지역 생산체계, 지속가능한 식품 공급 체인, 지역 및 전국의 도시농장운동 등, 사회경제 분야의 다양한 집단들이 포함되어 있었다. 많은 경우 지역별 공동체 특성이 뚜렷하여 사람들을 그룹으로 나누기 수월했다. 하지만 때때로 공동체에 속한 다양한 사람들의 관련성을 찾기가 애매할 때도 있었다. 비록 참여하는 사람들이 서로 이질적인 부분이 있다 할지라도 공통된 가치를 공유하고, 무엇보다 식량 생산으로 삶을 꾸려나가는 집단의 일원인 이상 '음식공동체'라는 용어는 여전히 유효했다.

세 번의 테라 마드레 행사를 열고 지속적인 네트워크를 위한 터닦기를 하는 동안 '음식공동체'가 가지는 의미는 꾸준히 확장되었다. 초반에는 그 용어가 주로 수단으로서의 역할을 했다면, 이제는 이론적 의미까지 지니게 되었다. 오늘날 '음식공동체'는 테라 마드레의 이상이자 실제적 중심축이다. 즉, 테라 마드레의 철학과 활동들이 음식공동체를 중심으로 돌아간다고 할 수 있다.

애초 테라 마드레의 개념에는 식량 생산 공동체들만 포함되었다. 그러다가 2006년 제2회 대회에서 포괄적이고 보다 체계적인 접근을 함으로써 음식공동체가 요리사, 학자, 음악가, 천연섬유 생산자, 그리고 소규모생산자의 협력자로서 의미를 갖는 소비자들까지 끌어안는 보다 넓은 개념으로 확장되었다.

또한 '소비자'라는 말이 지닌 의미가 크게 실추되었음을 직시하고, 공동체의 먹을거리를 이용하는 사람들을 소비자라는 말 대신

'공동생산자'라고 부르기 시작했다. 그들이 세계 농식품 체계의 소비주의를 거부하는 이상, 이제 더는 그들을 단순한 소비자로 분류해서는 안 된다. 그들은 '음식을 먹는 것은 일종의 농업 행위'[1]라는 인식을 갖고 있고, 좋은 먹을거리에 대한 바른 지식과 안목을 가진 생산자들이 수확한 먹을거리를 구매함으로써 생산자들에게 보답한다.[2] 식품의 소비자인 공동생산자들은 자신들이 식품을 선택하는 행위가 생산 과정 전반에 영향을 주어 지속가능한 생산방식을 이끌 수 있다는 사실을 알고 있기에 글로벌 기업농업의 트랙터 앞에 무릎 꿇기를 거부한다. 공동생산자들은 모든 식품이 거대한 네트워크의 최종 결과물이며, 그들이 그 네트워크 속에서 능동적 행위자가 될 수 있음을 인식하고 있다. 음식을 먹는 행위가 생산 순환 과정의 도착점이라 생각하며, 생산 순환 과정은 '자연'이라는 거대한 생물학적 체계 속의 한 톱니일 뿐이라는 것도 잘 알고 있다. '소비'라는 용어는 이러한 상호적이고 복합적인 행위를 지극히 단순화시키는 용어이며, 소모된다는 의미를 내포하며 식량체계에는 수동적이고 지구 환경에는 유해한 행위를 암시하는 용어다.

그에 반해 '공동생산자'는 식량 재배자, 가축 사육자, 식품 가공자 및 유통업자와 함께 음식공동체의 일원이 된다는 의미이다. 또한 그들과 함께 이로운 행위를 수행하며, 식량체계가 다시 조화와 균형을 되찾게 되면 지구를 회생시키고 재건할 수 있다는 신념을

....

1 『나에게 컴퓨터는 필요없다』 웬델 베리, 정승진 옮김, 양문, 2002
2 『슬로푸드, 맛있는 혁명』 카를로 페트리니, 김종덕 공역, 이후, 2008

공유한다는 의미이기도 하다.

음식공동체들은 복잡한 하부 조직들로 구성된 지극히 구조적인 독립체다. 음식공동체들은 공동체 구성원들이 살고 있는 지역에 확고히 뿌리 내리고 그 지역을 돌본다. 질 좋고 청정하고 공정한 음식에 관심만 있다면 누구나 이 공동체의 구성원이 될 수 있다. 이들은 과거의 기억을 보존하는 동시에 자신들이 원하는 미래가 어떤 것인지에 대해 명확한 의견을 가지고 있는 독자적인 사람들이다.

이제 우리 모두가 나름대로 식품 생산자임을 인식하고 공동의 책임의식으로 무장할 때가 되었다. 소비자들이 질 좋고, 지속가능하고, 공정한 식량 생산이라는 대의를 지지할 때 그들의 역할이 바뀌게 된다. 이렇게 하여 도시와 농촌 거주자들의 이질성은 사라질 것이다. 우리 모두는 비록 실제로 농사를 짓지 않지만, 다시금 우리 스스로가 농부라는 인식을 가질 필요가 있다.

세계의 여러 공동체들

음식공동체를 이론적으로 논하는 것과 실제로 그 속에서 어떤 일이 벌어지는지를 아는 것은 별개의 문제다. 하여, 현재까지 세 차례 개최된 테라 마드레 대회에 참가했던 153개국의 2천여 음식공동체들의 자료를 모아 놓은 홈페이지www.terramadre.org에서 몇몇 사례를 무작위로 뽑아 소개하고자 한다. 이 멋진 이야기들을 보며 독자들은 각 음식공동체들의 다채롭고도 유용한 생활 방식을 엿볼 수 있을 것이다.

먼저 베냉[3]의 연안 주Départment du Littoral에 있는 코토누
Cotonou라는 마을로 가보자. 이곳에서는 1992년부터 가족 단위로
운영되는 소매점 중심의 공동체가 발전해오고 있다. 이는 천 명 이
상의 농부, 축산업자, 식품가공업자, 요리사, 그리고 교육 농장에
서 생산된 생태적 전통 식품들을 갖춘 공급자들의 네트워크 덕분
이다. 여기서 거래되는 식품은 꿀, 땅콩기름, 야자유, 카리테 버터
karité butter, 시어버터, 캐슈와 파인애플 시럽, 네레[4] 소스, 콩 쿠키,
건바오밥과 건오크라, 얌, 카사바, 흰 옥수수, 수수, 그리고 콩가루
등이며, 매주 적어도 오백 명 이상의 구매자가 이 식품들을 구입한
다. 대부분의 식품에 원산지 표시가 되어 있는데, 이는 이 공동체가
그 식품에 갖는 자부심이 어느 정도인지 잘 말해 주고 있다. 그 중
하나가 베냉의 모노Mono 주에 사는 아쟈족Adja 여인들의 특산물
인 '조미zomi'라는 향미 야자유이며, 이는 그 지역에서 나는 니에
베niebé라는 흰콩이나 얌, 혹은 카사바의 드레싱용으로 사용된다.

아프리카의 차드 호 남쪽, 카메룬 북부에서는 주로 가축 사육과
소규모 농업에 의지해서 살아가는 공동체가 있다. 이곳은 전통 방
법에 따라서 방목으로 키우는 돼지가 특히 유명한데, 이들은 자신
들이 키운 돼지를 먹거나 저장하기 위해 직접 돼지를 잡고 씻고 가

....

3 Benin, 서아프리카, 베냉 해 연안, 나이지리아와 토고 중간에 위치한 공화국으로 1960년 8월 1일 프
랑스로부터 독립함 _옮긴이 주
4 néré, '파르키아 비글로보사parkia biglobosa' 혹은 '아프리카 로커스트 콩'이라고도 함 _옮긴이 주

64

공한다. 돼지고기를 이용한 전통 요리로는 전통 오븐에서 구워 만드는 흐리우마 초우피나hliuma tchoufina와, 잘게 썬 돼지고기를 오세일레oseille. 여귓과의 여러해살이 풀인 수영 잎사귀와 땅콩과 함께 냄비에 넣고 끓여 수수나 쌀밥과 함께 내놓는 도호녹냐dohonokgna 등이 있다.

콩고의 브라자빌Brazzaville에서는 2002년에 젊은 요리사들이 콩고청년요리사협회ACJC: Association Congolaise des Jeunes Cuisiniers를 조직했다. 협회는 콩고 전통 요리와 농산물, 조리법을 국내외에 홍보하기 위해 요리사, 법률가, 학자, 언론인, 학생 들로 이루어져 있다. 이 협회는 다양한 활동들을 통해, 토착 농산물의 다양성과 전통 조리법을 홍보하는 동시에 요리 관련 직업에 대한 문화적 인지도를 높이고 있다. 그 구체적 활동들이 일반인 및 전문가 요리 교실, TV 프로그램, 향토 요리 콘테스트, 강연 및 토론회이다. 이 협회가 보존에 힘쓰는 대표적인 요리 중 하나는 리보케liboké 혹은 마보케maboké라고 불리는 음식으로, 이는 숲이나 대초원의 특정 식물을 자연 용기로 삼아서 여기에 다양한 재료들로 조리한 음식이다.

아프리카가 가난하고 뒤떨어졌다고 누가 말하는가? 누가 아프리카에는 명실상부한 농업이 없다고 말하는가? 가봉의 응곰비Ngombi에서는 열다섯 명의 젊은이들로 구성된 한 작은 공동체가 다양한 지역 농산물들, 특히 호박그 지역 방언으로는 '일렝구에ilengue' 혹은 '딜레구에dilegue'라고 불림과 '테리'라고 불리는 오이 같은 채소들을 재배하고 홍보, 판매하고 있다. 응곰비 프로젝트는 가봉의 국내총생산에는 큰 영향을 미치지 못할지라도 지역의 식생활 향상에 기여하고 있음은 분명하다.

아프리카 지역 농업의 사례도 테라 마드레 네트워크에서 살펴볼 수 있다. 예컨대 가나의 수도 아크라Accra에서는 그 지역으로부터 평균 10마일 이내에 사는 마흔 명의 젊은 농부들로 이루어진 공동체가 있는데, 이 공동체에서 세 종류의 반퀘Bankye, 카사바를 재배한다. 이 세 가지 카사바는 제각기 뚜렷한 특징을 가지는데, 먼저 아바사피타아abasafitaa는 '푸푸fufu'라고 하는 걸쭉한 죽을 만드는데 딱 맞고, 아프시피afsifi는 전분을 더 많이 함유하고 있으며, 글레모 두아데glemo duade는 이 셋 중에서 수분이 제일 많다. 이 지역의 요리 대부분이 카사바를 사용하는데, 몇 가지를 열거하자면 앞에서 말한 푸푸, 야카야카yakayaka, 빵의 일종, 가리gari, 거칠게 빻은 카사바 가루, 그리고 '아그벨리카크로agbelikakro'라고 하는 플랜테인채소처럼 요리해서 먹는 바나나 비슷한 열매 튀김 등이 있다. 카사바는 가루로 가공해서 빵 만드는 데 사용할 수도 있다. 이들은 카사바뿐아니라 가지, 후추, 토마토, 양파와 같은 채소도 재배하며, 모두 자연적인 방식을 따름으로써 전통적인 생산 및 유통 시스템을 보존한다. 화학 비료를 일체 사용하지 않기 때문에 식물과 야채들은 공동체 내에서 소비되거나 직거래를 통해 팔리기 전까지 천천히 그리고 자연적으로 여물어 간다.

이제 남미로 넘어가, 아르헨티나의 시골 초등학교에서 이루어지는 생산적이고 교육적인 활동에 대해 살펴보자. 울프 스콜닉Wolf Scholnik 92번 초등학교가 있는 칠레 국경 근처 안데스 산맥에 위치한 리오 네그로 주의 한 시골 마을에서는 85가구의 축산 농가가 소를 길러 육류와 유제품을 생산하고 있다. 이곳에 사는 채소 재배자들이 그 시골 학교와 공동으로 학교 구내식당에 공급하기 위한 유기농 채소들을 기르기 시작했다. 학교 텃밭 운영은 실질적이고도 교육적인 결과를 가져왔다. 학생들은 환경을 존중하면서 농산물을 생산하는 법을 배우고, 또한 각자의 집에서도 똑같은 방식으로 채소를 키우고 있다.

세계적인 분쟁 지역 내에서도 농업을 생계 수단으로 삼으며 살고 있는 사람들이 있다. 전쟁으로 큰 피해를 입은 이라크 북서부 니나와Ninawa 주의 알카드라al-Khadra에서 과일 및 채소를 재배하는 한 공동체를 예를 들어보자. 알카드라 공동체는 그 지역 토종 작물과 생물다양성을 보호하기 위해 모인 30가구로 이루어져 있다. 이들은 전쟁이라는 특수한 상황 때문에 물물교환을 통해 종자 보존과 토종작물 재배의 이점을 재인식했다. 알카드라 공동체는 전통 종자만을 사용하고 유기적 방법으로 농작물을 재배한다. 이 공동체의 구성원들은 조직적으로 연대하여 지역 시장에 농산물을 판매해왔으며, 이를 통해 활동 분야와 수입 원천의 다각화를 꾀할 수 있었다.

그렇다면 '부자' 나라들은 어떨까? 예컨대 미국은 공동체를 기반으로 진행된 텃밭 프로젝트와 같은 흥미로운 공동체 활동들의 배양지다. 이 텃밭은 일리노이 주 록퍼드의 콘코드 공원에서 안젤릭 유기농 교육센터Angelic Organics Learning Center가 진행하는 프로젝트이다. 안젤릭 유기농 교육센터는 피터슨 씨의 안젤릭 농장 Peterson's Angelic Organics Farm 산하의 비영리 교육지부로서, 1998년에 바이오다이나믹 농부인 존 피터슨John Peterson과 시카고 시민단체가 설립했다. 피터슨 씨의 농장은 최근 미국에서 진행되는 공동체지원 농업 중에서 가장 규모가 크다. 북부 일리노이 주와 남부 위스콘신 주에 거주하는 1,400이상의 가구들이 이 농장에서 수확되는 농작물 꾸러미를 주 1회 배송 받고 있다. 안젤릭 유기농 교육센터는 다양한 사업을 통해 이미 상당한 수준으로 도시 저소득층 공동체 속으로 파고들고 있으며, 지역 공동체가 농장의 생산물을 접할 수 있는 다양한 채널을 구축하고 있다. 여기서 운영하는 공동체 기반 프로젝트 중 하나가 바로 콘코드 대학과의 산학협력 프로그램 일환으로 2005년에 출범한 콘코드 공원에서 함께 '일손 공동체 텃밭Hands Working Together Community Garden'이다. 이 지역의 부모와 어린이들은 콘코드 공원 텃밭에서 자발적으로 함께 일하면서 유기농 농산물을 재배하는 방법뿐만 아니라 올바른 식습관과 영양, 팀워크, 그리고 음식공동체를 구축하는 방법에 대해서도 배우고 있다. 이 프로그램은 유기농 재배와 어린이들의 교육을 위한 기술적인 지원을 제공한다. 여기에는 아이들이 일주일에 한 번씩 지원자들을 이끄는 코디네이터와 프로그램 운영자들과 만나서 함께 텃밭 활동을 계획하는 모임도 포함된다. 씨뿌리기, 비료 주기,

물 주기, 잡초 뽑기, 수확하기 등과 같은 일들은 아이들이 직접 한다. 텃밭에서 나온 과일이나 채소들은 어린 도시 농부들의 식탁에 오르거나 그 지역의 생산자 직거래 장터에서 판매되기도 한다. 어린 도시 농부들은 안젤릭 유기농 농장을 견학할 기회도 갖는다.

캘리포니아 주 소노마 힐스버그에서 운영되는 한 생산자 직거래 장터는 영세 지역 농부들에게 소비자와 직접 접촉하는 기회를 주고 있다. 비록 이 지역 대부분을 포도밭과 와인 양조장이 차지하고 있지만, 농부들은 다양한 농산물을 진열하여 그 지역 토양이 포도뿐 아니라 훨씬 다양한 농산물을 수확할 수 있다는 사실을 입증해 보이고 있다.

소노마 농부들은 과일과 채소들을 재배함에 있어 가능한 최상품의 농산물을 수확하려고 하는 동시에 토양의 질을 향상시키고 환경을 강화하기 위해 노력한다. 이를 위해 외적 자원의 사용은 최소한으로 줄이고 있다. 그들이 수확하는 과일 중에는 네 가지 종류의 무화과가 있는데, 이 무화과들은 여러 장소에서 건지농법으로 재배하는 오래된 나무에서 열린다. 이 나무들은 생장을 유지시키기 위해 가지치기만 해 주면 되고, 여기서 열리는 무화과들은 그 지역 식당 운영자들과 시장 손님들에게 좋은 평가를 받고 있다.

지면 관계상 호주, 혹은 남아시아와 일본과 한국, 중앙아메리카와 같은 광대한 지역을 다 다루지 못함을 안타깝게 생각하면서, 마지막으로 생산과 교육이 조합된 유럽의 한 사례를 소개하고 세계 음식공동체들의 개략적인 보고를 마치고자 한다.

핀란드 남부에 파라이넨Parainen이라는 지방자치단체가 있다. 비록 대다수가 스웨덴어를 쓰기는 하지만, 스웨덴어와 핀란드어를 공용어로 사용하고 있는 이 도시의 거주민들은 아직도 핀란드의 전통을 따르며, 무엇보다도 전통적인 빵 굽는 기술을 아직까지 고수하고 있다. 스웨덴말로 '레피애leipä'라고 하는 이 빵은 핀란드인의 밥상을 구성하는 큰 축 중의 하나이며, 특히 악소Axo 가문이 운영하는 빵집은 그 전통을 고스란히 이어가고 있다. 이 빵집의 명물은 흑빵, 그리고 카다몬cardamon, 소두구, 서남아시아가 원산지인 생강과의 식물로 매콤하고 달콤한 향이 나는 고급 향신료과 계피를 넣어 반죽하고 위에 아몬드와 설탕을 뿌려서 굽는 '풀라pullaa'라는 달착지근한 맛이 나는 디저트용 빵이다. 이 빵집은 '학교를 위한 곡물Grains for School'이라는 프로젝트를 후원해오고 있는데, 이 프로젝트의 목적은 학생들의 곡물 소비량을 늘리기 위해 학교 구내식당에 몸에 좋고 맛 좋은 빵 제품을 제공하는 것이다. 이 교육적인 프로젝트는 어린 학생들뿐만 아니라 학부모, 교직원, 교사, 그리고 지방 정부 당국도 참여시키고 있다.

🌿 도시와 농촌의 새로운 관계

음식공동체는 농부들이나 시골 소규모 식량 생산자들의 모임보다 훨씬 더 큰 개념이다. 물론 그들은 이 네트워크의 일원이 될 충분한 자격이 있으며, 전통 기술과 일반적 통념은 결코 가볍게 버려

저서는 안 된다는 사실을 일깨워주는 중요한 존재들이다. 그들은 다양성—생물다양성뿐 아니라 문화적 다양성도 포함하여—을 보호하고, 식량체계 내에서 지속가능한 생산양식들을 보존하는 중요한 역할을 수행한다. 그들이 음식공동체 네트워크에서 가장 '특징적'이고 상징적인 구성원들임은 의심할 여지가 없다. 하지만 그들은 네트워크를 구성하는 일부일 뿐이다. 음식공동체를 그들만의 단체로 국한시킨다면 음식공동체가 갖는 대의와 개념이 축소되고 말 것이다.

음식공동체이거나 음식공동체가 되고 싶어 한다는 것은 먹을거리를 우리 삶의 중심에 세우는 일이며, 이 일은 시골이든 도시든 구별 없이 세상 어디에서나 할 수 있는 일이다. 따라서 음식공동체라는 개념에는 농부들뿐만 아니라, 프랑스의 AMAP, 미국의 CSA, 이탈리아의 GAS와 같은 소비자 단체나 협동조합도 포함된다.

이들 소비자 단체는 농부들과 연대하여, 다양한 구매 방식예처 금을 지불하고 매주 과일이나 채소 꾸러미 배달 받기, 산지 직송이나 농장 직구매 등을 통해 종례의 시장 유통체계를 피하거나 그 한계를 뛰어넘고 있다. 이러한 구매 방식은 생산자들에게는 상당한 이윤을 보장하고, 소비자들은 과일, 채소, 고기, 달걀, 치즈, 심지어는 화초까지 안전하게 공급받게 한다. 소비자들은 이러한 구매 방식을 통해 공동생산자로서 자격을 얻게 된다. 거래되는 농산물들은 신선하고 맛 좋고 믿을만한 식품이다. 왜냐하면 소비자들이 농산물을 누가 키우고 재배했는지를 정확히 알기 때문이다. 농부들과 시민들이 서로 알고 지냄으로써 건전한 인간관계가 구축되는 것은 말할 것도 없고, 그들 자녀들에게는 생태 환경, 경제, 문화를 존중하는 법을 가르치는 기회가 된다. 음식공동체가 아니라면 어찌 이 모든 일들이 가능하겠는가?

또한 음식공동체는 도시에서, 학교에서, 그리고 도심의 거리에서 교육과 생산을 목적으로 과일과 채소를 재배하는 도시 농부들도 포함한다. 미셸 오바마는 남편이 미국 대통령 취임선서를 한지 얼마 안 되어 백악관에 텃밭을 경작하기 시작했다. 그녀는 이 프로젝트를 통해 매우 중요한 정치 활동을 한 것이나 다름없다. 규모가 아무리 작아도 건물 옥상이나 베란다에서 텃밭을 가꾸는 것은 매우 상징적인 의미를 가진다. 그것은 먹을거리와 먹을거리의 생산 활동, 자연의 리듬을 개인적으로 누린다는 것이다. 그리고 우리에게 식량의 재배 방법과 그에 따르는 문제들을 이해하는 법을 가르친다. 일부 도시 농업과 교육 공동체에서는 은퇴자들이 어린 학생들에게 농사일의 기본 기술을 가르치기 위해 발 벗고 나서고 있다.

심지어 예일 대학교도 이 운동에 가담했다. 예일 대학교는 세계의 보건, 문화, 환경, 교육, 경제 문제들은 우리가 음식을 먹고 생산하는 방식을 고려하지 않으면 안 된다는 믿음 하에 2001년 '지속가능한 식량 프로젝트'를 발족했다. 이 프로젝트는 지속가능한 방식으로 재배하는 농장을 중심으로 이루어지며, 그 농장에서 예일 대학교 학생들과 지역 공동체가 지속가능한 농업과 좋은 노동, 좋은 음식을 나누는 즐거움에 대해 배우고 있다. 이 프로젝트의 궁극적 목표는 학생들에게 사람, 땅, 음식이 어떻게 연결되어 있는지를 인식시키고 권력이나 돈보다 생태, 문화, 미각이 더 중요하다는 것을 깨닫게 하여 그들을 차세대 지도자로 양성시키는 것이다.

미국의 다른 대학에서도 예일 대학교와 비슷한 프로젝트들이 추진되어 오고 있다. 이러한 프로젝트들은 학생들 스스로 진행하는 경우가 많다. 예컨대 뉴햄프셔 대학교에서는 수년 전 학생들이 유기농 텃밭 재배 클럽을 결성하기 위해 창립회의를 열었는데, 이 회의에 무려 3백 명의 학생들이 관심을 보이면서 이 프로젝트에 지원했다. 이 학생들은 대학에서 지원을 받아 오래된 운동장 부지를 확보했고, 거기에다 채소를 재배했다. 그리고 그 채소들을 대학 내 식당을 포함해서 그 지역 주민들에게 판매했다.

위와 같은 사례들을 인용한 것은 완전하게 기능하는 음식공동체는 시골에서만 가능하다는 생각이 틀렸다는 것을 설명하기 위해서이다. 필자가 제안하고자 하는 것은 도시로부터 집단적 도피가 아니라 먹을거리에 대한 다른 접근 방식이다. 세상을 구하려면 함께 협력하는 것 말고는 방법이 없으므로, 우리는 도시와 시골의 새로운 관계를 정립해야 한다. 모든 책임을 농부들에게만 떠넘겨서는 안 된다. 음식의 역사는 늘 도시와 농촌간의 친밀하고 체계적이며 지역적인 동맹에 의해 특징지어져 왔다. 세계적인 몇몇 대도시들이 폭발 직전이라고 해서 이런 유구한 동맹들마저 결렬되어서는 안 된다. 우리는 식량을 경작하고 배분하는, 생산적인 농업 활동들을 정착시키는, 그리고 연대를 통해 도시와 농촌의 거주자들 모두가 지속가능한 혜택을 받을 수 있게 하는 새로운 방법을 모색해야 한다.

사실 그 방법들은 이미 존재하고 있고, 또한 늘 새로운 방법이 고안되고 있다. 예컨대 슬로푸드는 2015년 밀라노에서 개최되는 국제박람회를 기하여, 북부 이탈리아 폴렌초에 위치한 미식과학대학University of Gastronomic Sciences: 슬로푸드가 피에몬테 주와 에밀리아로마냐 주의 지역 당국과 함께 2004년에 설립과 밀라노 폴리테크닉이 공동으로 도시와 근교농업 사이의 관계를 근본적으로 재정립하기 위해 복합적인 프로젝트를 개발해오고 있다. 2015년 밀라노 박람회의 주제는 '지구 식량 공급, 생명의 에너지Feeding the Planet, Energy for Life'로서, 여기에는 밀라노가 이 행사를 주최하는 즉시 '지구에 식량을 공급하고 생명의 에너지로서의 기능을 하는 주체'로 탈바꿈하여, 밀라노를 세계 다른 도시들이 본받을 하나의 롤모델로 만들겠다는 의지가 담겨 있다.

밀라노는 엄청난 자원을 가진 도시로, 그중 하나가 '파르코 아그리콜로 수드Parco Agricolo Sud'로 밀라노 남부의 반경 4만 7,000헥타르에 달하는 부지에 형성된 농원이다. 그 땅의 3~4퍼센트 정도는 다년생 복작複作과 친환경 시스템에 할애되고 있지만, 대부분의 땅에는 기존의 집중 경작이 이루어지고 있다. 따라서 이 지역에서 나는 농산물의 극히 일부만을 밀라노와 밀라노 시민들이 이용하고 있고, 질 좋은 농산물을 찾는 밀라노 시민들은 시외에서 구입하거나 때때로 다른 지역에서 택배로 받아 이용한다. 게다가 근교 농업

부지는 건설업계로부터 개발 압력을 받고 있기 때문에, 파르코 아그리콜로 수드 농원을 생산자들과 시민들이 이용할 수 있는, 지속 가능하고 혁신적인 개념에 따라 경작하는 수익성 있는 농원으로 바꿔야 할 필요가 있다. 이 프로젝트는 아직 초기 단계에 있기는 하지만, 필자는 이 프로젝트가 도시와 시골 간의 관계를 어떻게 재규정해야 하는지에 대한 좋은 본보기가 될 것이라 확신한다.

이 프로젝트의 목표는 기존의 훌륭한 농경법을 찾아내서 더욱 발전시키고, 생산자와 시민을 잇는 혁신적인 서비스를 시행하고, 도시와 시골간의 연대를 확장하고, 지속적인 교육 프로젝트를 활성화시키고, 민속지학적ethnographic 접근 방법으로 전체 프로젝트를 심층적으로 분석하는 것이다. 또한 케이터링, 숙박업, 소규모 상업, 병원, 술집 등을 아우르는 통합적인 공급 체인망을 만들고, 재생 가능한 에너지 생산을 북돋우고, 젊은이들이 농업을 이어가도록 장려하는 사업토지 구입, 시설의 재건 및 복구 등에 필요한 기금을 조성하고, 또한 농원의 이미지를 널리 알려서 파리의 에펠탑처럼 박람회를 기념하는 랜드마크로 여기며 사람들이 찾아오게 만드는 것이다. 이는 매우 야심찬 프로젝트이며 위에 열거된 목표들을 이루기 위해서는 구체적인 행동 방안들이 요구된다. 그 중 하나가 바로 매주 열리는 '어스 마켓Earth Market'이다.

모든 식량 공동체들은 도시와 시골의 관계를 새롭게 형성하는 훌륭한 작업장이다. 지역 공동체들이 내세우는 다양성은 확실히 새로운 관례와 습관들이 성장할 수 있는 비옥한 토양을 제공한다.

우리는 너무 오랫동안 농업이 농부들이 없어도 가능하고, 기업형 농업과 대규모 유통체제가 그 나머지를 담당할 수 있다고 믿어왔다. 하지만 생태계의 위협이라는 비싼 대가를 치르고 난 지금, 우리는 표준화된 생산 모델과 대규모 단일경작이 식량 문제를 해결하는 데 실패했음을 깨닫고 있다.

우리는 식량 생산자인 농부들에 대한 목가적이고 시대착오적인 시각을 포기해야 한다. 우리는 그들에게 존엄성을 되찾아주고, 낙후된 경제 상황과 주변부적 지위에서 끌어내야 한다. 그리고 우리는 이 일을, 진정한 식량 생산, 인간관계, 그리고 지식 전승이 중요시되는 공동체의 맥락에서 생산자와 공동생산자 간의 동맹에 힘입어 지구 어디에서나 할 수 있다.

🌾 교구

현재 진행 중인 경제적, 환경적 위기는 근본적인 변화를 절실히 요구한다. 우리는 과도기를 살고 있으며, 이러한 시기에는 정치, 문화, 경제적 관리 시스템에 있어서 새로운 패러다임이 필요하다. 요즘의 상황을 로마제국의 멸망에 비유하는 것은 결코 억지스러운 일이 아니다. 한때 지중해 연안과 유럽 대부분의 땅, 그리고 중동까지 지배했던 로마는 천천히 권위를 잃어갔다. 체제의 붕괴는 3세기에 걸쳐 서서히 이루어진 것이지 결코 갑작스럽게 일어난 일이 아니었다. 그 기간 동안 로마제국 방방곡곡에서 지방 자치구역인

'교구'가 속속 생겨났다. 그 교구 안에서 새로운 문화, 새로운 법규, 새로운 문명을 이해하려는 방식이 독자적으로 발전되었다. 교구들은 통치 개념인 '영토'로 꾸준히 성장했고, 몇몇 교구들은 규모면에서도 엄청나게 커졌다. 중앙정부의 권력이 가장 약했던 지역에서 교구의 세력이 가장 커졌음은 두말할 필요가 없다. 또한 '평민'이라는 말이 라틴어 '플레브스plebs'에서 유래되었다는 점도 무척 흥미롭다.[5] 공동체 생활의 발전으로 인해 사회계급의 최하층, 즉 평민들로부터 시작되는 새로운 조직체계의 필요성이 대두되었다. 사실 그들 모두 교회에 속해 있기 때문에 교구들은 사실상의 네트워크를 형성하고 있었다.

우리는 여기서 음식공동체와의 유사성을 발견할 수 있다. 예컨대 공동체가 가지는 겸손함, 직접성直接性, 구체성具體性은 다국적 기업농업의 제국 속에서 보이는 부패 신호에 대한 하나의 대응이다. 세계 5대 거대기업과 몇몇 다른 다국적 기업들이 종자, 토지, 농장을 거의 독점 소유하고 있으며 동식물의 다양성생물종의 수는 지속적으로 감소 추세을 쥐락펴락해오고 있으며, 이제는 그들의 패권 장악을 완성하기 위한 '최종 해결책'으로 유전자 변형 작물 GMO Genetically Modified Organism를 제안하고 있다.

그러나 한 세기에 걸친 전 세계적인 확장과 지역 차원에서의 간

....

5 이탈리아어로 '평민'을 뜻하는 '플레베plèbe'는 라틴어 'plebs'에서 유래되었는데, 이 말은 로마 국민의 제계급인 귀족과 제2계급인 기사계급에 속하지 않는 제3계급의 서민들과 빈민들, 즉 하층에 속하는 집단을 이르는 말이었다. 영어plebeian도 마찬가지다. _옮긴이 주

섭―결과적으로 생물다양성, 지역 문화를 훼손하고 지구의 경제적·
생태적 균형에 악영향을 끼친―이 진행된 결과, 지금 '제국'의 아성
에 균열이 나타나고 있다. 현재의 위기는 이들 다국적 기업의 행태
에 대해 강한 의문을 제기하는 상황에 이르렀다. 다국적 기업들은
그들의 식량 통제력 덕택에 세계 무대에서 무시무시한 영향력을 행
사하고 있다. 하지만 테라 마드레 공동체들은 다국적 기업들의 시
장체제에서 벗어난, 그리고 경제, 식량, 농업에 대한 그들의 생각과
는 전혀 다른 건강한 대안을 구축하기 위해 연대한다. 다국적 기
업들이 세계시장의 패권을 유지하기 위해 새로운 상품을 찾으려고
헛되이 애쓰는 동안, 음식공동체들은 과거의 교구들처럼 다국적
기업들의 강권을 무시하고 '플레브스'와 함께 그리고 '플레브스' 덕
분에 풀뿌리 방식bottom-up이라는 독자적인 길을 걸어가고 있다.
이로써 '플레브스'라는 용어는 다시금 훼손되지 않은 원래의 의미
를 되찾게 되었다.

　고대의 지혜를 물려주고, 식량을 지속가능한 방식으로 생산하
기 위해, 공동체들은 기억뿐만 아니라 인터넷 같은 신기술을 최대
한 활용하고 있다. 그들은 과학기술의 노예가 아닌 운영자로서 과
학기술을 다루고 있으며, 그들은 자신들의 생각을 들려주고, 용기
를 북돋우고 있다. 또한 세상에서 자신이 혼자가 아니라는 사실을
깨닫기 위해 세계화의 긍정적인 면을 활용하고 있다. 그들은 가치
의 공동 저장소를 함께 나누는 네트워크이다.

　새천년의 교구들은 자연에 군림하려 하지 않고 자연의 뜻에 따

르고자 한다. 그들의 먹을거리를 생산하고 가공하고 먹는 단순한 행위를 통해 그들은 그보다 훨씬 심오한 의미를 가진 활동을 수행하고 있다. 즉, 그들은 우리 인간의 존재에 '어머니 지구'의 일부라는 의미를 다시금 부여하고 있는 것이다. 그들의 이러한 자각은 음식공동체들을 새로운 인본주의가 뿌리를 내릴 수 있는 이상적인 장소로 만들었으며, 바로 이곳에서 윤리와 미학이 하나로 융합하고, 개인의 실질적인 참여가 지역뿐 아니라 세계적 차원에서 활용되는 것이다.

✤ 기본으로 돌아가자 : '인간이 음식을 먹는다'

이탈리아 영화계의 거장인 에르마노 올미Ermanno Olmi 감독은 음식공동체와 그 네트워크, 그리고 토리노에서 열린 2006년도 행사에 관한 다큐멘터리인「테라 마드레」를 제작했다. 올미 감독이 촬영을 마치고 난 후, 필자는 이 거장과 대화를 나누는 기회를 가졌다. 우리는 요즘 사람들이 다시 학교로 돌아가 기본을 배워야 할 만큼 음식에 관해 무지하다는 데에 공감했다. 올미 감독은 이렇게 말했다.

"마치 문장의 의미를 이해하기 위해 문법을 다시 배우는 것과 같아요. 주어가 뭐고 술어가 뭐고 목적어가 뭔지 말이에요. 우리는 처음부터 시작해야 해요."

하여 필자는 올미의 조언을 따라서 우리의 생존을 위한 토대가

되는 '우리는 음식을 먹는다'라는 문장을 문법적으로 분석해 보려 한다. 이 단순한 문장을 분석한다고 하니 따분하고 옹졸하다 생각될지도 모른다. 하지만 문제는 이 문장이 단순하다는 바로 그 점 때문에 그 의미를 곰곰이 생각해 보는 사람이 없다는 데 있다. 사실상 이 문장은 세계 식량체계의 모순에 굴복하여, 서서히 명확하게 능동형에서 수동형으로 바뀌고 있다. '우리는 음식에게 먹힌다'로 말이다.

오늘날 음식은 지구, 지구 자원, 지구가 재생될 기회를 먹어치우고 있다. 자연의 수많은 구성 요소 중 하나인 우리 인간도 음식에게 먹히고 있다. 우리는 음식의 '소비자'가 됨으로서, 사실상 우리 자신이 음식에게 먹히도록 허용하는 것이다. 지그문트 바우만Zygmunt Bauman의 말대로 "소비사회의 구성원이라면 누구든지 스스로가 소비재가 된다."[6]

소비주의는 자원을 빼앗고 낭비를 유발하는 개념이지만, 결국 욕구 충족에는 실패했다. 식품 산업 세계는 그 임계점에 도달했다. 우리 자신들이 소비재이며, 그래서 우리의 정신은 약탈당할 수 있고, 일회용 상품처럼 취급당할 수 있으며, 진정한 삶에 이르지도 못한 채 소모될 수 있다. 우리는 능동적 존재가 될 가능성을 잃어

....

6 소비사회에 관한 수많은 분석 중에서 지그문트 바우만의 분석이 가장 통찰력 있다고 필자는 생각한다. 바우만은 『소비하는 삶 Consuming life』(Cambridge: Polity Press, 2007)이라는 책에서 소비주의가 사람들의 삶에 끼친 폐해를 지적하고, 또한 소비주의가 불확실성을 키우는 데도 큰 몫을 해왔다는 사실을 설득력 있게 보여 주고 있다. 정치에 대한 무관심과 범죄의 증가는 바우만이 짚어낸 소비주의의 수많은 폐해 중 일부에 불과하다.

버리고 점차 앞에서 말한 문장의 목적어가 되어가고 있다. 다시 말해서, 음식이 우리를 먹고 있는 것이다.

그러나 이 시스템 밖에 있는 음식공동체는 능동적이다. 그들은 그 문장의 진정한 주어이다. 그들은 음식을 먹고, 자신들이 먹히는 것을 용납하지 않는다. 그들은 음식의 생산자이자 공동생산자가 될 수 있다. 그들은 생명을 주고 생명을 보장하는 과정의 주인이 될 수 있다. 하지만 명령하고 통치하는 마스터가 아니라 존경받는 마스터들이다. 혁신적이라 할 만한 이 일의 장점은 세상 누구라도 음식공동체의 구성원이 될 수 있다는 것이다. 사실 우리 스스로가 인식하기 전에 이미 공동체의 일부가 되어 있는 경우가 많다.

우리는 다시 '우리는 음식을 먹는다'는 문장의 능동적인 주체가 되어야 한다. 우리는 우리가 사는 지구를 운영할 책임을 맡아야 한다. 우리는 기본으로 돌아가서 공동생산자가 되는 법을 배워야 한다.

이 장에서 '우리는 음식을 먹는다'는 문장을 분석함으로써, 먹는 행위의 주체가 누구이고 누가 되어야 하며, 그 주체는 어떤 특성을 가져야 하는지를 살펴보았다. 다음 장에서는 '먹다'라는 동사에 대해 계속 분석해 볼 것이다. 먹는 행위는 우리에게 기쁨을 주지만 갈수록 더 큰 불안감을 낳고 있다. 먹는다는 것은 당연한 것으로 인식되지만, 어떤 지역에서는 생사의 문제를 의미한다. 음식 섭취의 문제는 우리로 하여금 예전보다 더 큰 강박을 느끼게 한다. 이는 단지 식량이 고갈되어 간다는 이유 때문만이 아니다. 음식 섭취는 우리 시대의 거대한 모순 중 하나가 되었다.

3장

음식은 '지킬 박사와
하이드 씨'인가?

오늘날 음식은 먹기 위한 것이라기보다 팔기 위한 상품에 더 가깝다. 우리가 먹는 음식과
우리의 관계가 몇몇 대형 유통업체가 독점하는 수준으로 축소된 것은, 음식의 가치와 우
리 삶의 의미를 사라지게 해 온 시스템의 결과이다. 시스템은 '먹다'라는 동사를 능동의
의미에서 수동의 의미로 왜곡시켜왔다.

•••　　　　　　만일 잘 먹고 잘 살기를 원한다면 그 사람은 엘리
트주의자다. 전통을 존중하면 그는 과거에 집착하는 사람이요, 건
전한 생태계의 법칙을 따르려고 하면 따분한 사람이다. 만일 농촌
의 중요성과 가치를 인정하면 그는 전원생활을 동경하는 사람이다.

　위와 같은 식의 상투적인 비판과 공격을 참아낼 각오 없이 지속
가능한 먹을거리 생산 및 소비에 대해 이야기하기란 무척 힘든 일
이다. 우리는 슬로푸드를 운영하면서 일이 진행됨에 따라 이런 대
화가 점점 더 많아지고 그 빈도도 더 잦아진다는 점에 주목해왔
다. 먹는다는 문제는 매우 다양한 이유로 우리의 생각과 대화에서
점점 더 많은 자리를 차지해가고 있다. 하지만 기쁨과 즐거움을 가
져다 주어야 할 이 주제가 반대로 불확실성, 불안, 걱정, 공포를 낳

고 있다. 우리의 생존에 없어서는 안 되는 '식食'이 골칫거리로 변하고 있는 것이다.

오늘날 먹는 행위는 계속 모순을 낳고 있다. 전 세계의 기아 및 영양부족 문제와 유행병처럼 번지는 비만과 당뇨병은 동전의 양면과 같다. 오늘날 사람들은 질 높은 먹을거리를 원하지만, 가격이 비싸다고 불평한다. 그러고는 똑같은 돈을 정크 푸드나 저질의 소비재 상품을 사는 데 쓴다. 하루 종일 갖가지 요리법을 쏟아내는 텔레비전 프로를 시청하지만 찌개 하나 제 손으로 끓일 줄을 모른다. 내킬 때마다 음식을 양껏 먹고는, 날씬해지려고 억지로 땀을 한 양동이나 흘리는 사람이 있다. 다른 한편에서는 멸종 위기에 처한 동식물을 보호하고, 시골의 좋은 점을 알리고, 섭식의 즐거움을 얘기하는 사람에게 엘리트주의자라는 딱지를 붙이는 것이 왜 부당한지 이야기하는 사람들도 있다. 마치 기쁨과 헌신이라는 두 개념은 각기 문화와 경제라는 별개의 근원을 가지고 있기 때문에 서로 결합하는 것이 불가능한 것처럼 보인다.

어떻게 이런 상황이 벌어졌을까? 음식은 인간과 자연을 이어주는 연결 고리다. 먹는 행위는 인간을 옛날 사람들이 '지구의 숨결'이라고 표현했던 복잡한 시스템의 일부로 만들어준다. 물질대사 metabolism는 살아있는 생물과 무생물을 구별하는 필수 조건이다. 인간은 물질대사를 하고, 우리가 먹는 음식도 물질대사를 하며, 지구도 물질대사를 한다. 또한 이 모든 생명체의 대사 과정은 서로 밀접하게 연결되어 있다. 어쩌면 이 모든 문제는 인간의 모든 활동들 위에 군림해온 개발 중심의 패러다임이 기저에 웅크리고 있기 때문일 것이며, 물론 음식을 먹는 행위도 예외는 아니다. 산업화와 환원주의적이고 기계론적 관점의 우세는 소비주의의 승리에 대한 전조였다. 우리는 '호모 콘수무스Homo consumus'즉 소비하는 인간으로 진화해왔다.

인간은 자연 순환계를 벗어나서 살아갈 수 있다고 확신해왔고, 자연을 인간이 원하는 것에 알맞게 이용할 수 있다고 생각해왔다. 인간은 무엇이든 만들 수 있다는 자신감으로 인해 자연계의 산물조차도 인간의 마음대로 조정할 수 있다고 생각한다. 한때는 자연의 산물이자 기적이라 여겨지던 음식이 언젠가부터 문화의 한 요소로 바뀌면서 이제는 소비주의 법칙을 따르는, 다시 말해서 끊임없이 소비 욕구를 자극하고 끊임없이 버려지는 여느 다른 공산품과 다름없는 신세가 되고 말았다.

조상들의 지혜나 전통, 자연과 조화롭게 공존하는 능력 같은 실용적인 지식이 담겨있던 저장고는 하루아침에 지워지고 잊혀졌다. 마치 실수로 소중한 아이가 목욕물과 함께 하수구에 버려지듯이. 모더니즘의 격류에 휩쓸려 가 버린 것은 비단 농촌사회의 문화 전통만이 아니다. '먹다'라는 동사로 요약되는 인간과 음식과의 관계도 고유의 전통적인 역할과 단절되어 버렸다. 인간과 인간을 둘러싼 세상을 잇는 연결 고리, 인간을 복잡한 시스템과 결합시키는 그 연결 고리가 끊어져 버린 것이다. 바로 이것이, 현대화 수준이나 경제 수준과 상관없이, 전체를 살피며 유익하게 살아온 공동체의 삶이 현대인들에게 가르쳐줄 것이 아주 많은 이유이다.

오늘날 먹는 행위는 불확실성, 불안감, 공포를 조장하고 있다. 이는 인간의 활동 영역에서 자연을 배제시킨 우리가, 결국 음식마저 제외시킨 결과이다. 우리는 하루 세끼를 먹는 일이 얼마나 중요한지 망각한 채 살아왔다. 음식의 생산과 가공은 우리 부엌을 떠나 제3자의 손으로 넘어갔다. 이제 음식을 생산하고 가공하는 법을 모르는 우리는 음식을 마치 생필품 사듯 돈을 주고 사야 할 형편에 놓여 있다.

오늘날 음식은 먹기 위한 것이라기보다 팔기 위한 상품에 더 가깝다. 우리가 먹는 음식과 우리의 관계가 몇몇 대형 유통업체가 독점하는 수준으로 축소된 것은, 음식의 가치와 우리 삶의 의미를 사라지게 해 온 시스템의 결과이다. 시스템은 '먹다'라는 동사를 능동의 의미에서 수동의 의미로 왜곡시켜왔다. 음식은 지킬 박사와 하이드 씨 같은 야누스적 얼굴을 갖게 되었고, 복잡한 특성으로 인해 대부분의 사람들이 인식하는 바와 같이 '이중인격'을 갖게 되었다. 그리고 이중인격은 지속불가능unsustainability의 표시이기도 하다.

🌿 쾌락을 누릴 권리

테라 마드레는 1989년에 설립된 슬로푸드협회에서 나온 개념으로, 현재 전 세계에서 거의 10만 명에 달하는 회원을 보유하고 있다. 슬로푸드는 설립 당시부터 스스로를 '삶의 즐거움을 지키고 추구할 권리를 위한 운동'으로 칭했으며, 이 표어를 테라 마드레 선언의 부제로 사용했다. 20년 전에는 많은 사람들이 이 문구를 흥미로운 도발이라거나 농담처럼 여겼고, 해외 언론들도 역시 그렇게 받아들였다. 특히 슬로푸드라는 명칭이 전 세계에 만연한 패스트푸드를 날카롭게 비판한다는 점에서 특이한 단체로 여겼다.

그로부터 여러 해가 흐르는 동안 슬로푸드는 다양한 활동을 벌여 왔다. 그중 몇 가지만 언급하자면, 먼저 생물다양성과 전통을 지키고 보호하는 데 적은 힘이나마 보탬이 되어 왔고, 대중들에게 미각과 식생활에 대해 교육했으며, 미식과학대학을 설립했고, 테라 마드레 네트워크를 발족시켰다. 하지만 유감스럽게도 지속가능성, 보다 질 좋은 먹을거리를 위해 우리가 해왔던 모든 일들이 정작 우리가 원했던 성과를 거두는 데는 실패했다. 다시 말해서 '쾌락'에 대한 사람들의 편견을 바꾸지는 못했다. '쾌락'은 여전히 '진지한 일'과는 전혀 어울리지 않으며, 터부시 되고 지양되어야 할 개념으로 남아 있다.

다른 모든 즐거움과 마찬가지로 먹는 즐거움은 생리적인 것이므로 이를 추구하는 것은 근본적으로 전혀 잘못이 아니다. 하지만 무슨 죄를 짓거나 부적절한 행동을 한 것처럼 손가락질을 당한다. 주변 사람들한테서는 도덕주의자인 척하는 태도를, 건강을 의식하는 사람들로부터 경고를, 경박한 사람들로부터 비난을 유발한다. 논란의 소지가 있는 이러한 관점은 식이요법과 식습관이 '과잉'에 근거한 사고방식에 의해 폄하되었던 중세 시대부터 시작되었다. 과잉에는 지나친 풍요나 지나친 탐닉뿐만 아니라 지나친 궁핍이나 지나친 자제도 포함된다. 권력이 지나친 풍요와 사치를 통해 드러나듯 궁핍은 완벽함과 신성함의 표시로 해석되기도 하니까. 섹스가 주는 쾌락과 더불어 가장 본능적이고 민감한 쾌락은 바로 먹는 즐거움—식욕과 성욕은 생존과 번식에 필수적인 것—이다. 중세 시대 사람들에게 있어서 이러한 즐거움을 제대로 즐긴다는 것은 지나친 탐닉과 자제 사이의 균형을 유지하는 것이었다.

이는 오늘날에도 마찬가지다. 소비사회에서의 개인은 먼저 경제적 부로 평가되고 능력은 돈의 액수와 정비례한다. 부는 사치와 허영, 원하는 것을 살 수 있는 능력으로 드러난다. 심지어 그리 부자가 아닌 사람조차 기회만 있으면 돈 자랑을 하려든다. 어쩌면 그것이 소비사회라는 황무지에서 인간들이 자신의 존재를 표현할 유일한 방법인지도 모르겠다. 하지만 가난한 사람은 자신을 드러내고 자랑할 방법이 없고 그래서 즐거움을 포기할 수밖에 없다. 사실 종교, 정치 이념, 생태 등 많은 영역에서 즐거움과 올바름은 결코 양립할 수 없는 모순적 관계라 여겨지기도 한다. 만일 즐거움이 부자들만 누릴 수 있는 것이라면, 즐거움은 존엄성을 추구할 권리나 정치 참여와 환경 보호와 같은 천부인권이나 민주주의 이념과 양립할 수 없다고 볼 수밖에 없으며, '즐거움은 없다!'는 문장으로 종지부를 찍게 될 것이다.

이런 관점에서 보자면, 슬로푸드가 무엇인지 테라 마드레와 미식의 새 원칙이 무엇인지 모르는 사람들이 슬로푸드 활동을 하는 사람들을 인생을 즐기며 사는 미식가들이나 사치 부릴 여유가 되는 부자들, 겉치레만 중시하는 속물 혹은 헌신할 줄 모르는 사람들로 이루어진 소수집단이라고 인식하는 것이 당연한 일일지도 모른다.

이러한 편견은 슬로푸드의 이념을 대중들에게 인식시키고 널리 알리는 것을 방해하므로 우리는 이런 편견을 없애나가야 할 것이다. 무엇보다 심각한 문제는 즐거움에 대한 부정이 세계의 영농산업 시스템을 유지하게 한다는 것이다. 즐거움에 대한 부정은 인간의 감각 능력에 대한 부정이며, 따라서 인간의 이해력과 선택 능력에 대한 부정이라 할 수 있다. 이로 인해 우리의 먹을거리를 재배하고 가공하고 분배하는 일은 영향력 있는 제3자에게 위임되었다. 우리는 그들의 생산방식이 어떠한 결과를 초래할지 전혀 모른 채로 상황을 받아들이도록 강요받아왔다. 이 모든 것은 본질적으로 산업화될 수 없는 농업을 산업화하려는 과정에서 나온 '표준화'를 옹호한다. 이는 10억 명에 육박하는 굶주린 사람들은 먹이지 못하면서도, 전 세계 20억 인구에게 비만이나 당뇨 같은 현대병을 만들어 놓았다.

이 시스템이 건강 회복 비용과 사회 비용을 높이는 결과를 초래했다는 사실을 생각하면 세계의 영농산업 시스템의 장점을 찾아보기 힘들다는 결론을 내릴 수밖에 없다. 또한 가난한 농민들의 터전이자 땀의 결실인 지역경제와 우수한 농산물 덕분에 소수의 부유한 특권층이 배를 채우는 한편, 소수의 기업농들이 집중적인 단작농업으로 가난한 대중들과 저소득층들에게 저질의 먹을거리를 공급한다는 사실 역시 모순이 아닐 수 없다. 즐거움이 노력과 공존할 수 없다는 그릇된 생각에서 벗어나려면 새로운 행동 양식을 개발해야 한다. 즐거움과 노력이라는 두 가지 가치는 서로 양립할 수 있을 뿐 아니라 한데 결합하여 세상을 이해하는 새롭고 보다 창조적인 방식을 만들어 낸다.

쾌락은 민주적 가치이며 또한 그래야 한다. 쾌락의 추구는 우리에게 한층 높은 감각을 지니고 현실을 살게 할 것이고 예민한 지성으로 현실을 해석할 수 있게 해 주기 때문이다. 또 쾌락이 민주적인 이유는 우리로 하여금 다시 능동적인 주체로 행동하도록 만들기 때문이다. 그것이 일상의 삶을 향상시키려는 작은 행동이라 할지라도 말이다. 먹는 즐거움은 우리 모두에게 있어 가장 즉각적이고 보다 쉽게 누릴 수 있는 즐거움일 것이다. 그리고 즐겁게 먹는다는 것은 위력을 지닌 정치적 행위가 될 수도 있다. 쾌락은 엘리트주의가 아니다. 그것은 보호되고 육성되고 우리 모두가 누려야 할 권리이다.

☘ 전통과 혁신

음식에 대해 선입견 없이 분별력 있는 태도로 논하고 싶다면, 세계 농업·식량체계를 어떻게든 바로잡고 싶다면, 제일 먼저 해야 할 일은 또 다른 진부와 상투성의 오류를 밝혀내는 것이다. 지역 공동체의 경제가 폄하되고 음식을 통한 즐거움의 추구가 엘리트주의로 인식되어 온 것과 마찬가지로, 옛 지식과 소박한 생활양식인 전통도 뿌리박힌 편견에 의해 과거에 대한 향수라고 치부되거나 현실과 동떨어진 것으로 낙인찍혀왔다. 이는 수세기 동안 대중문화가 '구식'으로 폄하되고, 그 결과 음식공동체들의 기원이나 지식이 고려조차도 되지 않았다는 의미다.

대다수의 사람들이 신선한 제철 재료를 이용해서 전통 기법으로 만들어지고 지역 내에서 생산되는 먹을거리의 우수성을 인정하면서도 개중에는 이를 엘리트들의 특권으로 여기는 사람들도 있겠지만 그것을 만든 문화나 기술이 가지는 중요성은 인식하지 못하는데, 이는 커다란 모순이 아닐 수 없다. 이건 마치, "이런 음식이 더 낫다는 건 인정하지만 현실에 맞지 않아. 이런 음식은 틈새시장에서만 살아남을 수 있어. 그러니 그보다 질이 나쁜 음식을 먹는 편이 여러모로 합리적이야"라고 말하는 것과 같다. 다른 대안이 없는지 찾아보지도 않고 쉽게 포기하는 것은 적절치 못한 태도다.

나는 음식공동체들이 그들의 지혜와 기술로 인해 제3차 산업혁명의 주역이 될 것이라고 확신한다. 이는 선동이나 도발이 아니다. 필자는 다만, 세계가 청정에너지, 지속가능한 생산 방법, 재사용과 재활용 계획의 실행, 쓰레기 줄이기, 상품의 내구성 증대, 신선하고 건강에 좋고 품질 좋은 먹을거리를 필요로 한다면, 음식공동체야말로 이 분야의 전문가들이며 또한 이 분야에서 선두 주자라는 사실을 알려주고 싶을 뿐이다. 이렇게 된 데에는 그들이 가진 기술도 기술이려니와 더 근본적으로는 그 기술을 떠받치고 있는 그들의 사고방식 덕분이다.

물론 그들의 방법이 대체로 특수한 기술력을 필요로 하기 때문에, 그 방법을 다른 곳에서 그대로 재현하기가 불가능할 수도 있다. 그것은 현지에 맞게 적응 과정을 거친 결과이고, 지역 차원에서 가장 효과적으로 작용하기 때문이다. 그렇지만 우리는 복잡한 자연계와 조화를 이루는 그들의 시스템 특성에 대해 연구하고 그 이유를 이해해야 할 필요가 있다.

전통 지식과 사회적 통념이 대학이나 연구기관에서 발표한 학문 지식보다 못하다고 보는 태도는 잘못이다. 소농들의 노하우는 수 세기에 걸친 경험의 결실이기에, 그것이 과학적으로 입증되었는지 혹은 입증될 수 있는지는 그리 중요하지 않다. 그렇다고 해서 필자가 '느린 지식slow knowledge'라고 규정한 이러한 지식이 최고라고 주장하려는 것이 아니다. 다만 편견을 없애고 대화가 이루어져야 하고, 느린 지식을 이용할 수 있는 연구가 진행되어야 하며, 연구와 학문이 대등한 위치에서 협력해야 한다.

사람들이 흔히 저지르는 실수는 전통을 고착된 것으로, 과거의 것으로 보는 것이다. 전통을 명예롭게 생각하고 전통을 되살리기 위해 노력하는 사람들조차 전통은 진화하지 않고 과거에 멈춰 있는 것이라고 여기는 오류에 자주 빠진다. 이는 우리 인간이 과거에 어떠했는지에 대한 기억을 제거하여, 본질적으로 우리 스스로 우리의 뿌리와 단절시키는 시각이다.

음식공동체들은 이러한 사실을 잘 인식하고 있다. 음식공동체들에게 있어 전통은 겉치레나 의식, 생산 방식을 그대로 답습하는 것이 아니다. 음식공동체들은 신기술에 대해 열려 있고 전통을 따르면서도 성장하는 데 도움이 되는 그 어떤 사상에도 열려 있다. 또한 그들은 전통이 오히려 '성공적인 혁신'으로 여겨지고 실행되기도 한다는 것을 잘 알고 있다. 그들은 새것을 위해 옛것을 버리지 않는다. 그 반대로 자신들의 독자성 위에 새것을 추가한다. 그들은 자신들이 어디에서 나왔는지를, 그리고 앞으로 어디로 나아가야 하는지도 명확하게 인식하고 있다.

우리는 전통이냐 진보냐, 과거냐 미래냐 중에 어느 것이 더 나은지를 결정할 필요가 없다. 다만 이 두 가지 개념을 일반화 혹은 단순화하거나, 서로 대립시키는 일은 피해야 한다.

음식공동체들은 전통이 이어지기를 바라며 그들이 지닌 기억을 지킨다. 그렇게 함으로써 점점 더 표준화되는 세계에서 자신들의 독자성을 보장받을 수 있기 때문이다. 그들은 또한 세계화와 과학 기술 발전으로 얻은 자원을 활용하지 않는 것은 실수라는 것도 알고 있다. 다만 그런 자원을 책임감 있고 분별력 있게 활용하기를 바란다.

✂ 지속불가능한 태도는 모순을 내버려 두는 것

우리 모두 지구를 휩쓴 지금의 위기에 대한 책임이 어느 정도는 있다. 인정하고 싶든 아니든 간에 지금까지 우리가 행한 행동은 전적으로 도덕적이지 못했다. 우리는 시스템과 완전히 무관한 삶을 이어갈 수 없으며, 시스템을 존속시키고 지지하도록 강요받아 왔다. 소위 선진화된 세계에서는 소비주의가 삶의 전반에 철저히 침투하여 이제는 빠져나오기가 불가능할 정도다. 그렇다고 해서 우리가 모멸감을 느껴야 하거나, 극단적 희생, 즉 지나친 절제를 통해서 우리의 잘못을 속죄해야 한다는 것은 아니다. 우리가 해야 하고 할 수 있는 일은, 느리지만 누구도 부인할 수 없는 긍정의 과정을 거치는 것이다. 이를 위해 먼저 사고방식을 바꾸어야 한다. 우리는 '정확하지 않는 것'과 '완전히 설명되지 않은 것'에 대해 고민하는 법을, 그리고 선善과 미美에 대해 마음을 여는 법을 배워야 한다. 그리고 불안과 불확실성을 벗어버리고 조금 더 체계적으로 생각해야 할 필요가 있다. 불안과 불확실성은 통제되거나 분류되어서는 안 되는 것을 통제하고 분류하고자 하는 개발 모델의 산물이기 때문이다.

모순을 두려워할 필요는 없으나, 그것을 극복하려는 참여와 헌신의 부족은 두려워해야 한다. 이는 두말할 나위 없이 지속불가능한 행동양식일 터이기 때문이다. 음식에 대한 모순들을 늘어놓는 사람들은 자신들과 의견이 다른 사람들을 자기모순에 빠졌다고 비난한다. 하지만 우리는 그런 비난을 두려워해서는 안 된다. 상습적으로 딱지를 붙이는 자들에게는 그 어떤 인간의 행동이나 사고방식도 모순처럼 보일 테니 말이다. 그러나 앞에서 언급한 바와 같이, 겉보기에 모순되어 보이는 것들도 사고방식만 바꾼다면 충분히 공존이 가능하다.

"일반적으로 나는 모순 없이 사는 사람은 믿지 않는다." 언젠가 한 스페인 친구가 내게 한 말이다. 참으로 맞는 말이다! 만일 우리 주위를 둘러싼 독자성과 다양성을 고려한다면, 때때로 자기모순에 빠지지 않는 것이 사실상 불가능하다고, 또한 그것이 그리 잘못된 것이 아니라고 깨닫게 될 것이다. 하지만 일관성은 다른 문제다. 일관성은 우리가 지구의 건강을 위협하는 것과는 타협하고 싶지 않다는 입장을 분명히 하는 것이며, 공동체에게 그들이 재배하기로 한 농작물을 자유롭게 먹을 기회를 주는 것을 의미한다. 또한 일관성은 음식이 즐거움과 행복의 제일 큰 원천일 뿐만 아니라, 오늘날 가장 효과적인 평화외교이며 앞으로도 그럴 것이라는 점을 보장한다. 이를 위한 방법은 수백만 가지, 아니 어쩌면 그보다 더 많을 것이다. 세상에 존재하는 채소 품종과 동물 종수만큼 많을 것이고, 그것들을 요리하고 가공하는 방법의 곱절, 또한 그것을 먹는 방법의 곱절만큼이나 많을 것이다. 우리는 우리가 당면한 문제들과 '위기들'에 대한 올바른 해법을 찾을 수 있는 무궁무진한 목록들을 가지고 있다. 이는 다행스럽게도 통제가 불가능한 목록들이다.

우리는 모순들을 극복해야 하며 두려워하지 말아야 한다. 우리는 지속불가능한 태도를 버리고 '먹다'라는 동사의 진정한 의미를 회복시켜야 한다.

🗡 새로운 미식의 토대

즐거움 자체는 일탈적 행동양식이 아니다. 오히려 일탈적이고 지속불가능한 행동양식은 즐거움을 '과잉'과 동일한 개념이라고 생각하는 것이다. 하지만 지양되어야 할 것은 과잉이지 쾌락 자체는 아니다.

풍요에서 오는 과잉은 우리의 한계에 대해 오해할 수 있고, 궁핍에서 오는 과잉은 우리의 잠재력에 대해 오해할 수 있다. 즐거움은 본질적으로 생리적인 것이며, 즐거움을 느끼고 인지하고 추구하는 것은 건설적인 것이다. 하지만 우리는 자신의 한계와 잠재력을 인식하고 모든 형태의 과잉을 거부할 필요가 있다. 이는 상식에 기초하여 '중용'을 추구하는 것과는 다른 문제다. 일찍이 바르톨롬메오 사키는 이를 두고 '오네스타 볼룹타테honesta voluptate'라 칭했는데[1], 오늘날 용어로는 '냉철한 쾌락'으로 바꾸어 부를 수 있겠다.

위기의 시기에 냉철함을 이야기하면 뻔한 소리로 여겨질 수도 있겠다. 오늘날의 경제 및 금융의 위기가 무절제하고 냉철하지 못한 행동에서 비롯된 것처럼 이해될 수 있으니까. 하지만 냉철한 쾌

....

1 '플라티나Platina'라는 별명으로 불리는 바르톨롬메오 사키Bartolomeo Sacchi는 「냉철한 즐거움과 건강De honesta voluptate e valetudine」이라는 미식에 관한 짧은 논문으로 유명한 르네상스 시대의 인문학자이다. 그는 당대에 가장 저명한 요리사인 마르티노 다 코모Maestro Martino da Como의 모든 요리법을 라틴어로 번역했다. 플라티나는 역사상 최초로 미식, 식습관, 지역 먹을거리의 가치, 그리고 규칙적인 운동의 중요성을 분석한 인물이며, 이러한 주제들은 오늘날에도 여전히 중요하게 다루어지고 있다. 특히 즐거움은 거부해야 하는 것이 아니라 냉철하고 책임감 있게 누려야하는 것이라는 주장은 오늘날까지 많은 영향을 끼치고 있다.

락은 즐거움에 대한 절제도 아니고, 자제를 강요하는 것도 '절약과 내핍'도 아니다. 음식공동체들에게 요구되는 만큼의 책임감 있는 즐거움의 권리를 누리자는 것이다. 즐긴다는 것은 자연의 선물이므로, 즐거움을 도덕과 대립 관계에 두는 것은 즐거움의 가치를 이해하는 데 도움이 되지 않는다. 또한 즐거움은 자연과 조화를 이루어야 하고, 이러한 즐거움은 현재와 미래에도 그 누구나 누릴 자격이 있다는 사실을 이해하는 데도 결코 도움이 되지 않는다.

냉철함은 낭비를 지양하고 가능하면 재생 가능한 에너지를 이용하며 앞 세대가 우리에게 물려준 교훈과 지혜를 따르는 것을 의미한다. 이러한 교훈과 지혜를 통해 우리는 빈곤에서 오는 박탈감은 향연이나 새 요리법을 탄생시키는 계기로 삼고, 풍요는 다른 사람들과 나누는 기회로 삼으면서 힘든 시기를 극복해 나가야 한다. 냉철함은 종종 상식에 바탕을 둔 소박함이라는 개념과 부합하며, 이는 자원을 지속가능한 방식으로 이용하면서 각자 형편에 맞게 대응하는 방식이다. 이것이 음식공동체들이 주장하는 권리이자, 모두를 위한 보다 충실한 삶의 자세라 할 수 있다. 우리가 현실의 주인이 되는 그러한 삶 말이다.

이상적인 전원의 꿈을 그리려는 것이 아니다. 이것이 또 다른 비판을 불러일으킬 거라는 것을 잘 알고 있지만, 나의 주장에 내재한 어려움들을 망각하거나 회피하지는 않을 것이다. 지금껏 농촌사회가 살아가기 쉬운 곳이었던 적이 한 번도 없었다는 사실을 우리는 잘 알고 있다. 전 세계 많은 농촌 지역의 생활환경은 혹독했고,

또한 여전히 혹독하다. 우리는 농촌문화에서 혁신적이고 긍정적인 특징들을 구해내고자 한다. 그것은 '호모 콘수무스'의 행동양식에서는 전혀 찾아볼 수 없는 특징들로서, 우리를 공동생산자에 필적하는 행동양식으로, 인간에 대한 가치와 지구를 존중하는 자세로, 공동체의 맥락으로, 현지 적응의 정신으로[2], 사계절의 순환으로, 그리고 음식에 대한 심도 깊은 지식으로 다시 돌아가게 해 준다.

이 모든 특징을 한 마디로 정의한다면, 이는 음식에 대한 우리의 문화적 경제적 사회적 접근방법을 근본적으로 바꾸는 음식에 대한 새로운 미식법이다. 새로운 미식법은 학문일 뿐만 아니라 하나의 태도이다. 이를 보다 구체적으로 설명하기 위해, 프랑스의 정치가이자 미식가였던 장 앙텔므 브리야 사바랭Jean-Anthelme Brillat-Savarin이 자신의 저서 『미각의 생리학Physiology of Taste』(1825)[3]에서 밝힌 미식의 정의를 인용하자면 이러하다. "미식은 동물을 먹이는 것과 마찬가지로 인간과 관련된 모든 것에 관한 과학적 정의이다." 브리야 사바랭에 따르면, 미식법은 자연사, 물리학, 요리, 상업, 정치경제학 등등의 많은 다른 학문들을 포괄하는 복잡한 학문이다. 또한 그는 미식학에서는 '배우들'조차 '학자'일뿐 아니라 "농부요, 포도나무 재배자요, 어부요, 사냥꾼이요, 요리사요, 그밖에 음식을 만드는 데 종사하는 모든 사람이라 할 수 있다"

....

2 『삶은 기적이다—현대 미신에 대한 반박』, 웬델 베리, 박경미 옮김, 녹색평론사, 2006
3 우리나라에서는 『브리야 사바랭의 미식 예찬』으로 출간되었다. 장 알텔므 브리야 사바랭, 홍서연 옮김, 르네상스, 2004

라고 주장한다.

그의 정의를 받아들인다면, 결국 오늘날의 미식법은, 포스트모던 시대의 급격하고 뚜렷한 사회적 변화를 고려해 볼 때, 음식과 그를 둘러싼 모든 것을 연구하는 복잡하고 통합적인 학문으로 재정의 되어야 한다는 결론에 이르게 된다. 브리야 사바랭이 열거한 주제들은 현재에도 유효하다. 하지만 오늘날에는 여기에다 인류학, 유전학, 축산업, 농업경제학, 사회학, 의학, 역사, 그리고 생태학도 추가해야 할 것이다.

음식은 문화로서, 원자재이자 물품으로, 공예품으로, 공산품으로, 요리로, 그리고 먹는 행위 자체로 연구되어야 한다.

따라서 미식법은, 음식이 재배 및 사육에서부터 소비에 이르기까지 모든 과정에 존재하는 물질적인 요소이자 전통에 따라 변형되거나 어느 정도 과학적인 방식으로 진술되고 분석되는 문화적 요소라는 대전제 하에서, 이러한 음식에 관한 모든 지식들을 포괄하는 통합 학문이다.

이러한 접근법은 음식공동체들이 부여받은 모든 요소들, 예컨대 전문 지식, 토산품, 전통, 음식과 관련된 의식, 태도, 심지어 사고방식까지 아우른다. 미식법은 이 모든 특징들을 존중하며, 결코 그것을 퇴보라고 여기지 않는다. 미식법은 어떠한 편견도 가지고 있지 않기에 전체론holism에 순응하고, 생산자와 공동생산자의 영양과 삶을 이해하는 방식에 순응한다. 미식법은 여러 학문들 사이에 경계를 두지 않으며, '숨겨진' 관련성들을—비록 종종 불가해하게 보일지라도—인정하는 학문이다.

　새로운 미식은 지속가능성에 대한 확고한 이해를 바탕으로 새로운 농업을 발전시킨다. 새로운 미식은 재교육된 감각, 음식에 대한 포괄적인 지식, 개인과 공동체를 위해 무엇이 최선인지를 선택할 줄 아는 능력과 현실에 대한 포괄적인 이해 덕분에 냉철한 쾌락을 얻게 된다. 이러한 냉철함은 쾌락의 권리에 대한 연구와 주장을 이끈다. 왜냐하면 새로운 미식은 새로운 지속가능성과 신인본주의의 토대이기 때문이다.

4장

음식의
가치와 가격

풍요는 사람들에게 음식을 낭비하게 만들고, 그와 동시에 싼 값으로 공급할 것을 요구하
게 만든다. 그리하여 우리는 음식의 가치를 더 이상 인식하지 못하는 소비주의 시스템에
갇힌 포로가 되어 버렸다.

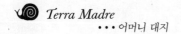

••• 소비주의는 또 다른 편견과 상투적인 사고를 낳았다. 음식의 가격과 가치는 낮아야 한다는, 그것도 가급적 가장 낮아야 한다는 생각이 바로 그것이다.

시장에서 제일 싼 상품을 선택하는 것은 당연한 일이지만, 이는 품질이 같은 상품들이 여럿 있을 때, 혹은 최소한 우리가 적절한 품질 기준을 선택할 기회가 있을 경우에만 해당된다. 하지만 음식에 있어서는 이런 원칙이 적용되지 않는다. 음식은 무조건 싸야 하기 때문이다. 채소 가격이 단 몇 백 원만 올라도 신문과 방송에서는 일제히 분개하는 기사를 토해낸다. 하지만 사람들은 전화요금이 인상되거나, 증권 전문가가 수수료를 올리거나 혹은 가전제품의 방문 수리비가 레스토랑의 두 끼 저녁 식사비와 맞먹는 금액이

나왔을 지라도 그렇게 항의하지 않는다.

하지만 음식은 함부로 건드릴 수 없는 문제다. 우리 사회에는 다음과 같은 인식이 널리 퍼져 있다.

"우리는 엄청난 노력으로 수십 년 전 마침내 기아를 떨쳐내는데 성공했다. 우리는 부유하고 풍족한 사회에 살고 있다. 음식은 어디에서든 구할 수 있어야 하며, 또한 될 수 있으면 적은 돈으로 구할 수 있어야 한다. 만일 음식이 비싸다면, 그런 음식들은 돈이 넘쳐나는 대식가나 술고래들이 사게 하자."

이러한 인식은 음식이 가진 모든 정신적 문화적 가치를 박탈한 채, 음식을 하나의 소비 제품으로 탈바꿈시킨 결과이다. 즉, 음식을 둘러싸고 있는 소비주의 시스템이 음식의 가치를 가격과 맞바꾸어 버렸다. 행복의 비결이 될 수 있는 많은 가치를 돈이 대체해 버린 것이다.

음식은 더 이상 먹기 위해서 생산되는 것이 아니라 팔기 위해서 생산된다. 가격이 음식을 선택하는 데 가장 중요한 기준이 되었다. 세계 영농산업의 식량체계 속에서 먹을거리는 세계 주식시장에서 가격을 결정하는 석유나 목재와 같은 원자재로 인식되기에 이르렀다. 따라서 곡물, 옥수수, 커피, 카카오 등은 품질 차이나 생산자는 전혀 고려되지 않은 채, 수요와 공급의 법칙에 의거하여 철이나 원유처럼 유통된다.

먹을거리를 이러한 법칙에 따르게 하는 것은 생물다양성을 감소시키고 환경에 해로운 단일경작을 장려하는 식품 표준화로 이어진다. 이는 거대한 불평등을 초래한다. 특히 남반구에서는 식민주의나 신식민주의의 영향으로 전 국토가 특정한 농산물만 재배해왔고, 그 농산물 가격이 곤두박질치면 그 즉시 거대한 격변을 겪게되었다.

급속한 도시화 과정을 거치고 있는 대부분의 국가들에서는 먹을거리가 생산이 아닌 구매품으로 전락한 상황이 빈곤과 배고픔, 영양결핍을 만들어내고 있다. 가난한 나라의 소작농민은 가난한 시골 생활을 버리고 도시로 떠난다. 쪼들리기는 했지만 가족의 생계를 유지해 주던 손바닥만 한 땅뙈기의 농사를 접게 된다. 도시에서 어느 정도 임금이 보장되는 일자리를 구하지 못한다면 당장 먹을 음식도 살 수 없을 것이다. 그래서 단번에 그는 가난한 처지에서 무일푼의 처지로 전락하고 말 것이다.

먹을거리의 완전한 상품화는 선진국 후진국할 것 없이 우리가 음식의 가치를 실추시킨 결과이다. 하지만 집에서 직접 잼을 만드는 것보다 가게에서 통조림 잼을 사는 편이 훨씬 비용이 적게 드는 것처럼 금전적으로는 이점이 없을지라도 개인적 만족감, 지역 사회 봉사, 환경 보호 등 참살이 차원에서 가치 있는 실천 방식이 여전히 존재한다.

황금만능주의는 엄청난 재앙을 불러일으켰다. 가치가 부재한 음식이 결국 우리를 먹어치우고 있는 것이다. 문화적, 사회적, 환경적 가치를 고려하지 않은 음식은 관심과 애정과 자부심의 대상이었던 농촌을 사회적 환경적으로 황폐화시켰고, 결국 세계적으로 심각한 불평등을 야기하는 괴물로 변해 버렸다.

🌿 음식은 환경을 먹고 있다

다른 분야와 마찬가지로 농식품 분야에도 산업화가 진행되어 음식의 질은 뒷전이고 그 자리는 음식의 양과 생산성, 표준화, 균질화가 차지하게 되었다. 하지만 자연은 이와는 정반대로 복잡하고 모호하며 다원적으로 작용한다.

말 자체가 모순인 산업형 농업, 식품의 산업적 가공, 한 지역에서 재배한 식품을 전 대륙에 유통하는 시스템, 낮은 가격, 자유 시장 원칙 등, 이 모든 요인들이 결합하여 오늘날 식품 분야를 인간의 활동 영역 중에서 가장 지속불가능한 분야로 만들었다.

지난 백여 년 동안 생물다양성은 놀라운 속도로 감소되어왔다. 산업 분야에 엄청난 양의 식량을 값싸게 제공하기 위해 대단위 단일경작이 필요했고, 경작 방법의 선택 기회는 이런 식량 생산 방법에 적합한가에 따라 제한해왔다. 다른 종의 희생을 불사하면서까지 이루어진 단일경작의 결과 산업형 농업의 선도국인 미국에서만 1903년부터 1983년 사이에 모든 토마토 종의 80.6퍼센트가 멸종되었고, 샐러드용 생야채 종의 92.8퍼센트가 사라졌으며, 사과는 전체 종의 86.2퍼센트가, 옥수수는 90.8퍼센트, 그리고 사탕옥수수는 전체 종의 96.1퍼센트가 멸종되었다. 현존하는 5,000종 중에서 오직 4종만이 미국에서 상업용으로 재배되는 토마토의 대다수를 차지하고 있다. 콩류는 오직 2종만이 미국에서 재배되는 콩 생산의 96퍼센트를 차지하고, 옥수수는 6종이 미국에서 재배되는 모든 옥수수의 71퍼센트를 차지하고 있다. 이것은 식량의 산업화 가 우위를 점해왔던 곳이면 어디서나 나타나는 결과이다. 이는 표 준화와 균등화의 세력이 확실해진 것이며 생물다양성과 생물의 적 응력이라는 지구 생명체의 기본 토대를 위험에 빠트리는 일이다.

지금까지 인간이 생물다양성에 끼친 손실은 실로 엄청나다. 우 리는 단 1세기만에 수천 년에 걸쳐 진화해 온 세상의 수많은 열매 들을 자취도 찾아 볼 수 없게 만들었다. 다행히 농업 산업화의 붐 을 겪지 않은 나라들이 아직 괜찮은 수준의 생물다양성을 유지하 고 있다. 하지만 만일 그 나라들이 다른 선진 산업국의 전철을 따 르려 한다면, 그로 인한 재해는 전 세계로 확대될 것이다. 불행히 도 멕시코, 인도, 브라질, 중국과 같은 나라―이들 국가들은 매우 다양한 식용 채소와 가축 품종을 자랑하고 있지만 또한 급속한 산 업 성장률을 기록하고 있기도 하다―에서는 이미 생물다양성의 파괴가 전례 없는 강도로 일어나고 있다.

더군다나 산업화된 농업 생산으로 토지마저 '먹히고' 있는 실정 이다. 지난 몇 년 동안 화학비료와 농약의 사용이 기하급수적으로 증가해왔다. 그와 동일한 양의 합성 화합물이 전 세계 토양에 뿌 려졌다. 특히 지난 10년 동안에는 지난 백 년간 사용된 양과 맞먹 는 양의 화학비료가 뿌려졌다. 이러한 화학비료는 자연의 순환과 는 전혀 무관한 물질이며, 장기적으로는 토양의 비옥도를 위태롭게 할 것이라는 것은 누구나 잘 아는 사실이다. 토양도 하나의 생명체인데, 우리는 지금 그 생명체를 살해하고 있는 것이다. 산업형 농업은 '농부 없는 농업'이다. 하지만 이런 식으로 가다가는 얼마 안 있어 우리는 땅 없이 경작해야 하는 상황에 내몰리게 될 것이다.

세계 산업화에 의한 식량 생산방식은 환경훼손을 야기했고, 이는 오늘날 시급한 생태학적 의제가 될 정도로 그 정도가 심각하고 광범위하다. 환경운동단체나 유기농운동단체와 같은 이른바 '대안적' 세계에서 나누었던 미래 전망은 공공영역에까지 흘러들어갔고, 이제 그 사실은 더는 부인할 길이 없는 상황이 되어 버렸다.

과거 시골은 공해에서 탈출하려는 도시인들을 위한 오아시스 역할을 했었다. 하지만 오늘날 많은 농촌 지역이, 특히 농약과 비료가 살포된 지역은 인간의 건강을 위협하는 위험한 곳이 되었다. 사람과 자연을 이어주는 역할을 수행해야 할 농업이 이제는 갈수록 사람과 자연간의 전쟁터로 변해가고 있다. 농약 생산에 사용된 과학기술이 군수산업에서 나왔다는 사실은 결코 우연이 아니다. 산업형 농업은 지구에 대한 전쟁 선포나 다름없다.

환경 파괴에 따라 지불해야 할 비용이 부담스러운 수준으로까지 증가하고 있음에도 불구하고 지금까지 이 항목은 식량 경제학에 포함되지도 산정되지도 않은 실정이다.

우리는 음식에 적은 돈을 지불하고 있지만, 바로 그 때문에 경제적 측면 뿐 아니라 지구가 미래에 식량을 생산할 수 있는 능력, 우리의 건강과 삶의 질 뿐 아니라 우리와 똑같은 참살이와 행복을 누릴 권리를 가진 미래 세대의 건강과 삶의 질에 있어서도 큰 빚을 지고 있다. 먹거리에 책정된 낮은 가격은 음식의 가치를 떨어뜨릴 뿐만 아니라 인간들이 지구에 가하고 있는 모든 악행들을 숨기고 있다.

조만간 누군가는 이 모든 것에 대한 대가를 치러야 할 것이며, 궁극적으로 그 누군가는 '소비자'가 될 것이다. 비록 그들은 먹을거리에 쓰는 돈은 아끼며 질 좋은 물건을 싼 값에 산다고 확신할 테지만 말이다.

✄ 음식은 농부들을 먹고 있다

음식의 산업화는 환경과 자연의 심각한 파괴뿐 아니라 엄청난 사회 격변을 몰고 왔으며, 이는 시골에서 시작되어 도시와 현대의 거대도시에까지 미치고 있다.

농촌 인구 감소 현상은, 유럽과 미국에서는 이미 19세기 산업혁명 시기에 시작되었지만 2차 세계대전 이후 가파르게 상승했는데, 현재는 농업을 산업화해온 모든 나라로 확산되고 있다. 50년 전까지만 해도 서양 여러 국가의 인구 절반이 농업에 종사했지만, 오늘날에는 그 수가 2~7퍼센트로 뚝 떨어졌다.

남반구에서는 아직 그 수준까지는 도달하지는 않았지만 멕시코 시티, 상파울루, 뭄바이, 라고스, 베이징과 같은 거대도시들은 농업을 포기한 농부들이 허다 하다. 농촌의 고단한 생활에 지치고 대규모 농업 산업화 구조에 옥죄여온 그들은 도시에서 새로운 삶을 일구어 보겠다는 희망을 품고 자신들의 땅을 팔았지만, 대다수는 도시 근교 슬럼 지역으로 쏠려 들어갈 뿐이다.

이들 거대도시들의 성장 추세는 실로 어마어마하며 그 기세는 무엇으로도 막을 수 없을 것처럼 보인다. 1950년에는 전 세계에 인구수 백만 명 이상의 도시가 86곳이었으나, 2015년에는 550곳에 달할 전망이다. 현재 중국, 인도, 브라질 도시에 사는 인구수를 합치면 유럽과 북미 인구를 전부 합친 수와 맞먹는다. 이러한 현상은 대체로 도시 인구 성장률에 기인한 것이지만, 시골의 인구 감소 역시 큰 요인이 되고 있다. 이런 현상이 적어도 시골에서 농사일에 매진하는 농부들만이라도 더 나은 생활 조건을 보장받을 수 있다면 긍정적인 결과가 나올 수 있다. 하지만 안타깝게도, 북미에서 대규모 산업형 농업에 종사하는 사람들은 이제 더 이상 노동의 주체가 아니다. 농부들은 이제 키울 가축도 재배할 곡식의 종자도 없이, 다국적 식품기업의 한낱 날품팔이꾼으로 전락했다. 산업형 농업 시스템은, 농부들이 점점 더 황폐해가는 땅, 공장 조립라인 같은 환경에서 키워지고 그로 인해 건강을 위협받는 가축들, 그리고 엄청난 문제를 일으키기 시작한 콩과 옥수수와 카놀라에 집중된 거대한 단일경작만으로 근근이 살아가게 하고, 그 외 모든 것들을 그들에게서 앗아가 버렸다.

대규모 영농사업은 수익률이 아주 낮기 때문에, 이 사업에 참여하는 농부들의 경제적 이익은 점점 더 줄어드는 실정이다. 유구한 역사와 전통을 가진 대가족 형태 농장의 파산은 전적으로 가격 변동과 나쁜 기후 탓이다. 소수의 부유한 농부들이 수많은 대중들을 위해 막대한 양의 식량을—일부는 저질의 식량을—생산하는 방식은 일종의 망상임이 입증되었다. 농부들은 충분히 벌지 못할 뿐만 아니라 사실상 지속적으로 손해를 보면서 일하고 있으며, 그들의 사업은 정부가 자국의 농업 몰락을 막기 위해 지급하는 보조금 덕분에 명맥만 유지하고 있을 뿐이다.

그렇다고 제3세계 농부들의 형편이 더 나은 것도 아니다. 아니 그 반대로, 그들 중 상당수가 도시에서 사는 것 말고 택할 수 있는 유일한 대안은 자살이다. 인도에서는 매년 적어도 2만 명의 소작농들이 자살을 택하는데, 그것은 그들이 종자와 비료, 농약을 구입하느라 진 빚을 갚을 수 없기 때문이다. 여러분은 지금 전쟁 중인 나라의 사망자 수를 보고 있는 것이 아니다. 이 충격적인 통계는 산업형 농업이 인간의 삶마저도 황폐화시킨다는 사실을 말해주고 있다.

시골 지역의 인구 감소와 대다수 농민들의 빈곤화는 불가피하게 공동체의 사회구조를 해체시킨다. 농민들의 눈으로 보자면 산업 식품의 얼굴은 비인간적이고 사악하기 그지없다. 식품 산업이 하는 일이라고는 농민들이 환경을 보살피며 좋은 음식을 생산하는 일을 더 이상 못하게 좌절시키는 것뿐이다. 이는 저가의 먹을거리 정책의 또 다른 결과이다. 음식이 농부들을 먹어치우고 있는 것이다.

✖ 쓰레기는 우리 모두를 먹어치우고 있다

제품의 가격이 낮고 가치가 떨어지면 낭비하게 되는 것은 당연한 이치다. 그 제품이 음식일 때 이런 상황은 더 극적이고 더 부당하게 전개된다. 최근에 굶주림에 시달리는 인구수가 10억 명을 넘어섰다. 비록 여러 국가들이 2015년까지 그 수를 크게 줄이겠다는 목표를 세웠지만 숫자가 줄어들기는커녕 여전히 증가하고 있다.

바로 이러한 이유 때문에 버려지는 음식의 양을 보고 할 말을 잃게 되는 것이다. 이탈리아 푸드뱅크인 '반코 알리멘타레Banco Alimentare' 기금으로 설립된 단체인 시티치보Siticibo가 2007년에 실시한 조사에 따르면, 이탈리아에서 먹을 수 있는 음식이 매일 4,000톤이나 폐기된다고 한다. 1년이면 146만 톤이 폐기되는 것이다.

쓰레기 자원 관리 계획WRAPWaste and Resources Action Programme에 따르면, 영국에서는 한 해에 이용 가능한 총량의 약 3분의 1에 해당하는 670만 톤을 버리고 있다. 또 미국 농무부 USDAUnited States Department of Agriculture에 따르면, 미국인들은 한 해에 그들의 총 식량의 4분의 1에 해당하는 2,590만 톤을 버린다. 하지만 2004년 애리조나 대학교에서 했던 연구에서는 그 수치가 더 높아져서 어떤 경우는 이용 가능한 총량의 50퍼센트를 차지하는 것으로 나타났다. 무엇보다 기이하고 충격적인 수치는 필리핀에서 버려지는 쌀의 양에 관한 것으로, 필리핀 국립 식품청National Food Authority에 따르면 필리핀에서 '매일' 120만 톤의 쌀이 버려진다는 것이다.

신흥공업국들의 음식에 대한 모독과 경시가 어떻게 이 정도까지 되었을까? 앞에서 살펴보았듯이, 이렇게 된 데에는 물론 소비 경향이 책임져야 할 부분이 많다. 새로운 것을 끊임없이 추구하고 옛것은 가차 없이 폐기하는 행태 말이다. 포장, 제품의 수명, 점점 많아지는 1인분의 양, 다 만들어서 파는 음식들…. 세계 식품산업 시스템 내의 모든 것이 저장과 절약에 반하는 것이다. 진짜 낭비가 어떤 것인지를 알려면 슈퍼마켓 뒤에서 벌어지는 풍경을 잠깐 들여다보면 된다. 슈퍼마켓이라는 곳이 앞에서는 풍요의 땅처럼 보인다. 하지만 그 뒤의 풍경은 쓰레기 처리장에 더 가깝다. 포장재들, 유통기한을 갓 넘긴 상품들, 더 이상 진열대에 올려놓을 수 없는 상태가 된 과일이나 채소들… 한마디로 팔리지 않은 모든 상품들이 버려지고 폐기된다.

대형 유통 시스템까지 들먹일 필요 없이, 우리 자신들의 냉장고 사정은 어떤가? 냉장고는 무릇 음식을 저장하고 남은 음식들을 재사용하기 위해 발명된 기기다. 허나 곰팡이가 필 조짐을 보이는 잼, 치즈 껍질, 반쯤 비운 음식 용기들로 가득 차서 냉장고는 쓰레기통 바로 전 단계라고 부르는 게 더 어울릴 것이다. 가정용 냉동고는 인간에게 있어 배고픔의 기억이 얼마나 처절한지에 대한 가장 극적인 표현이다. 식량이 떨어지지 않도록 하려는 열망이 우리로 하여금 고기를 냉동 보관하도록 만든 것이다. 그리고 일단 냉동고에 들어가면 몇 년 동안 그 상태 그대로 있는 경우가 비일비재하다.

식품저장 기술은 과거에는 생사가 달린 일이었다. 이제는 그 일을 과학기술의 손에 넘겨줌으로써, 우리는 걷잡을 수 없는 쓰레기 생산자가 되었다. 조상들의 지혜가 녹아있는 가정 경제는 오늘날의 '일회용' 문화 속에서 하나의 선택 과목으로 전락해 버렸다. 이제 더 이상 수업 시간에 가정 과목을 가르치지 않는다는 것은 결코 우연이 아니다. 예전에는 주로 여학교에서 가르쳤지만, 성차별이라는 이유로 남학생들에게도 똑같이 가르치기보다는 아예 이 과목 자체를 빼버리기로 결정한 것이다.

우리 사회는 불과 얼마 전까지만 해도 일회용품을 현대의 상징으로까지 치켜세우며 거리낌 없이 사용했다. 이탈리아 쓰레기 문제 전문가 중 한 명인 귀도 비알레Guido Viale는 1994년 그의 독창적인 에세이 『일회용 세계Un mondo usa e getta』에서, 현대성modernity이 쓰레기 처리장을 향해 표류하고 있다는 점을 설명하기 위해 이탈로 칼비노의 『보이지 않는 도시들Invisible Cities』에 나오는 다음과 같은 구절을 인용했다.

"레오니아 시는 매일 스스로를 새롭게 바꿔갑니다. (중략) 보도 위에서는, 레오니아에서 나온 어제의 쓰레기들이 깨끗한 비닐봉지에 싸여 쓰레기차를 기다리고 있습니다. (중략) 레오니아의 풍요로움은 매일 생산되고 판매되고 구매되는 것보다, 매일 새로운 것들에게 자리를 내주기 위해 버려지는 물건들로 측정될 수 있습니다. 그래서 레오니아가 가장 열광하는 일이 정말 소문처럼 새롭고 다양한 물건들을 즐기는 것인지 혹은 오히려 되풀이되는 불순함을 쫓아버려 자신에게서 멀어지게 하고 스스로를 정화하는 것인지 자문해 보게 됩니다."[1]

레오니아는 결국 "언제나 새 옷을 입는 대도시의 모든 발자취를 지우"기 위해 버려지는 쓰레기 더미에 묻혀 버리고 말 것이다.

하지만 생산자와 유통업자와 소비자들이 협력하여 건전한 가정 경제로 다시 돌아간다면, 우리는 생산 이전 단계에서부터 쓰레기를 크게 줄일 수 있다.

레오니아식 강박은 우리로 하여금 옛 지혜를 망각하게 만든다. 더 좋은 먹을거리를 생산하고 이산화탄소를 덜 배출하고 생물다양성을 보호하고 쓰레기를 줄이는 법을 가르치는 지혜 말이다. 우리는 장보는 법을 다시 배워야 하며, 이는 '공동생산자'가 되는 길을 의미한다. 즉, 필요 이상으로 구입하지 않고, 데워 먹기만 하면 되는 가공 식품에 순응하기를 거부하는 현명한 소비자의 길 말이다.

한번 생각해 보자. 우리가 슈퍼마켓 계산대 줄에서 기다리는 동안 얼마나 많은 종이와 플라스틱—한 가족용은 너무 작고 일인용으로 너무 많은 사과를 포장하기 위해 사용하는 폴리스티렌과 비닐 랩, 그리고 요구르트를 담기 위한 마분지나 플라스틱 용기 등—포장재를 없앨 수 있는지를. 일부 국가에서는 슈퍼마켓에서 고객들이 각자 집에서 가지고 온 용기에 담아갈 수 있도록 일회용 포장에 담지 않은 상품을 판매하기 시작했다. 이는 지극히 바람직하고 유

....

1 『보이지 않는 도시들』, 이탈로 칼비노 지음, 이현경 옮김, 민음사, 2007

116

익한 행동 방식이며, 희망컨대 이러한 행동들이 생산자들에게조차 대부분의 포장재가 쓸모없다는 인식을 심어 주어 포장 방식을 보다 친환경적인 방식으로 개혁하도록 유도할 것이다. 이러한 행태는 대대적인 절약과 쓰레기를 줄이는 생산방식으로 이어질 것이다.

예전의 이탈리아 가정주부들은 가정 경제의 전문가였다. 쥐꼬리만 한 자원으로 가족을 먹여야 했기 때문이었다. 그들은 쪼들리는 살림살이를 꾸려나가기 위해 남은 음식으로 수많은 전통 요리들을 솜씨 좋게 만들어냈다. 이탈리아 속담에, "돼지는 아무 것도 버릴 게 없다Del maiale non si butta niente"라는 말이 있다. 젊은이들은 요양소에 처박힌 귀찮은 존재라고 여기던 노인들의 삶의 방식에 귀를 기울여야 할 것이다. 예전에 우리는 집안의 오래되고 낡은 물건들의 쓰임새나 그에 얽힌 추억을 기억하며 옛 물건들을 없애는 것을 늘 안타깝게 여겼다. 낡은 물건을 버리고 새것으로 바꾸는 것을 미루기까지 했다. 낭비는 죄를 짓는 것이라는 인식 때문이다. 하지만 오늘날에는 남은 음식이 솜씨 좋은 손에 의해 맛있는 가정식 요리로 만들어지지 않는다. 레오니아 시의 일상에서처럼 음식들은 매일 버려지거나 숨겨진다.

음식 쓰레기들이 우리 주위에서 넘쳐난다. 산더미처럼 쌓여서 우리들을 묻으려고 위협할 정도로. 음식은 결국 우리 모두를 집어삼킬 것이다.

🌿 낭비 방지 일환으로서의 기부

2003년에 필자는 벨기에 로슈포르^{Rochefort}에 위치한 생 레미 수도원^{Abbaye Notre-Dame de Saint-Remy}에 초대되어 세계 최고의 맥주 중 하나인 로슈포르²를 빚는 트라피스트 수도사들 만날 수 있는 행운을 가졌다. 당시 필자는 그 수도원에 들어가서 생산 라인을 살펴보고 수도사들과 인터뷰도 하는 특권을 누렸다. 생산 라인을 견학하던 중에 수도사들 중 한 분이 거대한 두 개의 구리 통 옆에 서서 내게 말했다.

"이 둘 중에서 첫 번째 통에만 맥주를 만듭니다. 두 번째 통으로는 아무 것도 하지 않습니다. 첫 번째 통이 작업을 멈추었을 때 그 통을 대체하는 기능으로만 사용됩니다."

"왜 둘 다 사용하지 않으십니까? 수사님들이 생산하시는 맥주는 세계 최고이고, 시장에서 인기도 최고이지 않습니까? 둘 다 사용하시면 생산량과 이윤이 두 배가 될 텐데요."라고 내가 물었다.

수도사는 수도원의 생산 철학을 간단하고 솔직하게 대답했다.

"우리는 생산량을 두 배로 늘릴 필요가 없습니다. 우리는 우리 공동체의 필요에 맞게 얼마만큼의 맥주를 생산해야 하는지를 산출하기 위해 해마다 회의를 갖습니다. 그래서 제조원가, 우리 인건

....

2 1595년에 시작되어 세계에서 가장 오래된 양조 역사를 자랑하는 트라피스트 에일(수도원에서 만들어지는 맥주) 바티칸 수도원에서 인증한 세계 8대 수도원 맥주 중 하나다. 생산량이 많지 않은 귀한 맥주이며, 양조법은 15명의 수도사 외에는 아는 이가 없을 만큼 베일에 싸여 있다. _옮긴이 주

비, 우리를 도와주는 비전문가들의 인건비, 그리고 수도원과 부대시설 운영 경비 등을 계산합니다. 우리는 이 모든 것들을 꽤 철두철미한 방식으로 진행합니다. 그것이 바로 우리가 한 해에 생산해야 하는 정확한 맥주 양을, 다시 말해서 우리에게 넘치지도 부족하지도 않게 딱 떨어지는 수입을 보장해주는 양을 산출해낼 수 있는 이유입니다. 그런 다음 우리는 자선 비용을 마련하기 위해 필요한 여분의 양을 더합니다. 따라서 우리의 총 생산량은 필요와 기부에 근거하여 미리 산출되지요. 그보다 더 많은 양을 생산할 필요가 없답니다."

나는 그 답변에 깜짝 놀랐다. 균형 감각을 갖는다는 것이 바로 이를 두고 하는 말 아니겠는가. 할당량을 초과하지 않고 실질적인 필요를 위해 생산하고 욕심 없이 생산하는 것 말이다. 생각해 보면, 로슈포르 수사가 내게 한 말 중에서 가장 중요한 부분은 여분의 양은 자선을 위해 생산되는 것이라는 말이었다. 여기서 우리는 이윤이 최상의 목표이고 모든 행위는 경제적 이익을 가져와야 하는 소비주의의 소용돌이 속에 자취를 감춘 '자발적 기부'에 대한 실례를 만나게 되는 것이다.

자발적 기부는 여전히 음식공동체들의 본원적 가치이며, 언제나 농민 문화의 핵심적인 부분이었다. 집집마다 서로 돕는 행위는 과거에, 그리고 지금도 여전히 농사를 짓는 지역에서 흔히 볼 수 있는—허나 안타깝게도 다른 곳에서는 더 이상 찾아볼 수 없는—풍습이다. 예를 들어 한 집에서 추수가 다 끝나면 이웃의 추수를 도와준다. 필요하면 농기계도 빌려주면서 말이다. 농촌마을에서는 종자를 잃어버린 이웃 농가에게 자신들의 종자를 나눠주기도 한다. 과거에는 이탈리아의 농촌 가정에서 나그네가 문을 두드릴 경우에 대비해서 식탁에 여분의 식사를 마련해 놓는 풍습도 있었다.

물론 자발적인 기부의 형태들이 고루하고 구식처럼 보일 수도 있다. 하지만 그 일을 과거와 똑같은 방식으로 반복할 필요는 없다.

생산량에 기부 목적의 양을 할당해 두는 것은 경제적으로도 매우 유익한 방법이다. 필자는 기부야말로 낭비를 막는 최선의 방법이라고 생각한다. 만일 무언가를 기부할 것을—그것이 물건이든 음식이든 돈이든 노동력이든 간에—미리 계획한다면, 이것이 경제 메커니즘 속에서 일종의 완충장치 역할을 함으로써, 생산 활동의 경제적, 생태적, 실존적 지속가능성을 모니터링하여 낭비되는 잉여분이 없도록 하는 효과를 낳게 될 것이다.

하지만 필자가 말하는 기부가, 소위 제3세계 국가에 할당된 하찮은 '인도주의적 지원'을 가리키는 것은 아니다. 이런 식의 지원은 결국 아프리카와 아시아의 전체 경제를 무력화시키고 그들의 지역 시장을 황폐화시키고 농부들로 하여금 토종 농산물 재배를 포기하도록 만드는 결과를 초래했다. 이런 형태의 기부는 보조금과 장려금에 절어 있는 부유한 북반구 나라들의 잉여 생산물을 처분하는 한 방편일 뿐이다. 필자가 말하는 기부는 인도주의적 방식에서 생산이라는 형태로 지역경제 내에서 이루어지는 기부를 의미한다. 기부 항목을 제조 예산 속에 설정해 놓으면 만일 생산이 계획대로 이루어지지 않을 경우 안전망 역할을 할 것이고, 생산이 계획대로 이루어질 경우에는 다른 사람을 도울 수 있고, 무엇보다 낭비를 피할 수 있다.

이탈리아에서 매일 폐기되는 4,000톤의 음식 대부분이 먹을거리가 절실히 필요한 사람들2009년 10월 8일에 '반코 알리멘타레'에서 발표한 연구에 따르면, 이탈리아인 중에서 3백만 명이 굶주림과 영양부족 상태라고 한다.에게 기부될 수 있다는 사실을 고려한다면, 자발적 기부를 경제담론에 편입시키는 것은 환경적, 사회적, 경제적으로 매우 가치 있는 일임을 잘 알 수 있을 것이다. 단지 소비만을 위한 생산 시스템은 이러한 사실이 가치 있다고 여기지 않는다. 하지만 우리는 이 가치를 통해 생산물을 가격이 아닌 다른 방식으로 특징짓고, 먹을거리에 진정한 의미를 되돌려 줄 수 있는 것이다.

🌿 속도, 풍요, 그리고 강요된 요구들

FAO의 자료에 따르면, 전 세계적으로 식량은 120억 명의 인구가 먹기에 충분한 양이 생산되고 있다고 한다. 그런데 오늘날 전 세계 인구수는 70억에 조금 못 미친다.[3] 논리에 맞지 않게도, 우리는 생산을 늘리기 위해 계속 밀어붙이고 있다. 다국적 기업들은 언

....

3 '모든 인간의 권리인 시민권, 정치권, 경제권, 사회 및 문화권, 발전권의 증진과 보호Promotion and Protection of All Human Rights, Civil, Political, Economic, Social and Cultural Rights, Including the Right to Development'(2008년 1월 10일), 유엔 식량권 특별보고관 장 지글러Jean Ziegler, 유엔총회 A/HRC/7/5

제나 생산량을 증가시킬 기회를 호시탐탐 노리고 있으며, 공식적으로 기아 문제를 논할 책임이 있는 사람들은 늘 "우리는 더 많은 식량이 필요하다!"고 호소한다.

위기가 닥칠 때면 정부 당국은 그 해결 방법으로 더 많이 소비하라고 권유한다. 애초에 우리를 이런 위기 상황으로 내몬 것이 무모한 낭비 지향의 소비주의라는 사실을 인정하려 들지 않는다.

하지만 우리 자신이 먹히게 된 데에는 이것 말고도 또 다른 이유들이 있다. 그중 하나가 바로 우리 사회의 속도이다. 이는 생산과 소비라는 광란의 회오리 속에서 현실에 대한 인식을 모두 잃어버리게 만든다. 또한 우리를 경주마처럼 결코 충족될 수 없는 소비주의의 헛된 약속을 좇도록 만들어서 결국 좌절과 탈진 상태로 내몬다. 속도는 음식이 가진 본연의 가치를 빼앗아 단순한 연료 공급원으로 전락시키거나 고 부가가치라는 휘장을 두른 엘리트 소비의 상징물로 만들어 버린다. 그 중간은 존재하지 않는다.

하지만 음식의 진정한 가치는 이 양극단의 중간에 위치한다는 것이 우리의 상식이다. 속도는 우리로 하여금 한계를 인식하지 못하게 하여 그것을 뛰어넘도록 만든다. 그래서 우리는 '황새 따라가다가 가랑이가 찢어지는' 꼴이 되고서야 실수를 저질렀음을 깨닫는다. 하지만 물은 이미 엎질러진 후이다. 바로 이것이 우리가 '느림'이라는 가치를 중요하게 생각해야 하는 이유다. '느림'은 우리가 한계를 인식하는 법을 배우는 것이고, 속도를 줄여서 다름을 구별하고 음미하는 것이며, 영속성을 평가절하시켜서 오래된 것은 무조건 낡고 구식이라고 보는 잘못을 범하지 않는 것이다. 천천히 움직이는 사람들은 뒤돌아볼 여유가 있는 사람들이며, 자신들의 기억을 없애지 않고 이용하거나 다른 사람들로 하여금 그들의 기억을 이어가도록 독려하는 사람들이다.

소비사회가 만들어내는 또 다른 환상은 풍요 속에서 살고 있다는 착각이다. '많다'는 것은 반드시 '질'을 의미하는 것이 아니며, 특히 '인간다움'과는 무관한 개념이다. 자원은 차고 넘치지만, 문제는 우리가 그 자원을 사용하는 법을 모른다는 것이다. 이는 우리의 내면과 외면에 터무니없는 불균형 상태를 가져온다. 풍요는 사람들에게 음식을 낭비하게 만들고, 그와 동시에 싼 값으로 공급할 것을 요구하게 만든다. 그리하여 우리는 음식의 가치를 더 이상 인식하지 못하는 소비주의 시스템에 갇힌 포로가 되어 버렸다.

주지하다시피 소비주의의 특성은 욕구를 유발하는 것이다. 그리하여 사람들은 필요하지 않는 물건을 사고, 거짓 약속과 거짓 가치들을 판매한다. 소비주의의 가증스러운 나팔꾼인 식품 광고는 거짓된 진실을 퍼트리고, 음식의 신성함을 폄하하고, 음식을 먹는 즐거움을 무절제한 것으로 왜곡시키며, 결국에 가서는 우리의 정신을 갉아먹는다. TV 광고는 우리의 뇌를 식품 생산자에게 팔아넘긴다. 특히 어린이들의 영혼을 빼앗는 방식은 하나의 범죄 행위다. 유럽의 어린이들은 평균 하루에 3시간 TV를 시청하고 있으며, 음식의 실체가 빠져 있는 음식 광고에 피폭당하고 있다. 예컨대 한 이탈리아 TV 광고를 보면, 아침에 젖소 한 마리가 우유를 주기 위해

집 안으로 들어가고, 할머니가 집 안에 먹을 게 없다고 가족들을 밖으로 내몬다. 그러고는 포장된 가공식품을 혼자서 '음미'하며 앉아 있다. 농담 같지만 사실이다! 우리에게 음식과 맛에 대해 가르쳐야 할 사람은 바로 할머니들이다. 어머니들보다 할머니들이야말로 음식이 주는 기쁨과 음식에 관한 지식을 물려줄 책임이 있는 사람들이다.

광고는 우리가 꿈에도 생각해 보지 않았던 '필요성needs'을 우리에게 알려줌으로써, 우리가 더 이상 음식과 우리 미래의 주인이 아니라는 사실을 보여 준다.

🌿 잘 먹는 것은 사치가 아니다

잘 먹는 것은 그리 큰돈이 드는 일이 아니다. 만일 우리가 위급한 상황에 처했을 때 패스트푸드점을 이용하거나 슈퍼마켓에서 저질 식품을 사먹는 것이 유일한 대안이라고 한다면, 이는 우리에게 위험한 상황 그 자체보다 더 심각하고 고질적인 문제임을 시사한다. 가계 예산이 빠듯하다고 몸에 좋지 않은 음식을 먹는 것은 장기적으로 봤을 때 결코 올바른 해결책이 되지 못한다.

우리는 큰돈 들이지 않고도 매 끼니마다 좋은 고기, 좋은 생선, 좋은 채소들을 섭취할 수 있다. 심지어 이따금씩 외식을 할 때도 개인 건강뿐 아니라 대중의 건강에도 이로운 질 좋은 음식을 저렴한 가격으로 사먹을 수 있는 길이 얼마든지 있다.

좋은 음식은 오직 엘리트 집단을 위한 것이라는 오랜 편견을 버려야 하며, 또한 무엇보다 두 가지 규칙을 따라야 한다. 그것은 소비주의 시스템을 벗어나서 질 좋은 먹을거리를 찾고, 훌륭한 가정요리와 요리법을 재발견하는 것이다.

첫째, 소비주의 시스템에서 탈출하기 위해서는 대안 유통 경로를 찾을 필요가 있다. 도시와 마을마다 품질 좋은 농산물을 좋은 가격으로 농민들한테서 직접 살 수 있는 시장들이 분명히 있다. 제철 과일과 채소들은 가격이 더 싸기 때문에 계절 식품을 이용하는 것이 필수적이다. 과일과 채소를 구입하기 위해 구태여 시장까지 갈 필요도 없다. 예컨대 이탈리아에서는 공정거래 구매 연대인 GAS가 전국적으로 확대되고 있으며, 가정까지 직접 배송하는 생산자 조합도 운영되고 있다.

둘째, 훌륭한 가정요리와 요리법의 재발견이라 함은, 예컨대 부분육部分肉을 활용한 요리법처럼 우리가 잊고 있었던 식문화를 되살리는 일이다. 오늘날 도살장은 옛 장인들의 솜씨가 사라지고 쇠톱들이 난무하는 대형 해체라인으로 전락했으며, 이는 충분히 먹을 수 있는 고기가 상당량 폐기되고 있음을 의미한다. 비선호 부위는 이제 아무도 찾지 않는데, 그것은 사람들이 그 부위로 요리하는 방법을 모르거나 요리할 의지가 없어서이다. 소비자들은 등심이나 안심과 같은 살코기만 집착한다. 이탈리아 북서부의 쿠네오Cuneo 시에는 수년 동안 피에몬테 지방의 가축들을 지속가능한 방식으로 기르는 '라 그란다La Granda'라는 축산조합이 있는데, 이들은 가축들을 도축하여 사실상 모든 부분을 판매하고 있다. 이렇게 함으로써 축산업자들에게는 최대의 수익을 보장하고 소비자들의 살림살이에도 도움을 주고 있다. 필자가 그 조합 관계자로부터 들은 바에 따르면, 그들은 도살한 가축의 도체에서 오직 뿔과 발굽만 버린다고 한다. 그리고 목, 어깨살, 옆구리살, 가슴살, 갈비살 같은 전사분체前四分體는 잘라서 판매하고, 로마인들이 '퀸토 콰르토quinto quarto 다섯 번째 부위'라고 불렀던 머리, 꼬리, 내장, 피, 발 등은 가공한다고 한다. 이 조합이 판매하고 있는 축산가공품은, 햄버거, 갤런틴⁴, 볼살, 발, 혀, 꼬리 등으로 만든 '대안적 통조림 고기', 육수, 미트 소스 등 다양하다. 이러한 가공식품은 라 그란다가 판매하는 식품의 5분의 1을 차지하는데, 그 식품들은 모두 방부제를 일체 사용하지 않고 맛 좋은 최상급 고기로만 만들어진다. 또한 토리노 대학교 의대에서 나온 한 박사 논문에 따르면 그곳의 고기는 다른 일반 소고기보다 더 많은 영양소를 함유하고 있다고 한다.

물론 라 그란다의 최고 등급의 고기는 지속가능한 방식을 사용하지 않고 생산되는 고기보다 가격이 훨씬 더 비싸며, 이는 그 조합의 축산 방식과 기술을 고려할 때 당연한 일이다. 하지만 품질이 우수한 황소의 소고기를 축산가한테서 직접 구매하고 폐기물이 나오지 않게 도축한다면 1킬로 당 가격은 10유로 정도밖에 나오지

....
4 뼈와 고기를 양념과 함께 삶은 뒤에 거기서 나온 젤라틴과 함께 차게 굳힌 음식 _옮긴이 주

않는다. 물론 황소 쇠고기의 육질은 암소보다 좀 더 질기기 때문에 육질을 연하게 하는 법을 알아야 한다. 일반적으로 질긴 쇠고기는 스튜나 찌개용으로 사용하는 것이 좋다.

생선 요리에서도 이와 똑같이 식문화가 부족하다. 이것은 어부들이 잡았다가 아무도 찾는 사람이 없어서 바다에 되던지는 많은 어종들을 생각하면 쉽게 이해될 수 있을 것이다. 많은 사람들이 도미나 농어를 원하는데, 그것은 다른 생선을 요리할 줄 모르기 때문이다. 정어리나 고등어 같은 등 푸른 생선들은 손질해서 요리하기가 약간 어려울 뿐 맛도 좋고 건강에도 좋다. 게다가 값도 아주 싸다.

우리가 잃어버린 또 다른 삶의 비법은 음식 저장 기술이다. 예전에 필자의 고향에서는 여름이면 사람들이 마당에 모여서 큰 냄비에다가 토마토 통조림을 만들곤 했다. 그리고는 소독한 유리병에 붓고 단단히 밀봉해서 보관한 다음 겨울에 먹었다. 하지만 오늘날 겨울에는 생산지가 불분명한 비싸고 맛도 없는 체리토마토를 먹는다. 그보다는 집에서 만든 파스타 소스 한 병이 훨씬 더 싸게 먹힌다는 것은 두말할 필요도 없다.

삶의 비법이자 창조적 기술인 이 모든 훌륭한 실천들은 오늘날 거의 버려졌다. 이러한 실천들을 통해 얼마나 많은 자원과 돈을 절약할 수 있는지를 생각하면 안타깝기 그지없다.

마을 가까운 곳에서 재배되고, 계절에 맞고, 가격도 저렴한 지역 농산물을 구입해서 음식을 만들 작정을 하지 않는다면, 우리는 더 이상 음식이 비싸다고 불평할 자격이 없다.

🦋 불확실성 극복하기

미래에 대한 불확실성은 점점 더 높아지고 있다. 하지만 곰곰이 생각해보면 이는 두려워할 일이 아니다. 미래는 예측할 수 없는 것이므로 미래가 불확실한 것은 당연한 일이다. 미래에 대한 불확실성은 일정 정도의 불안감을 낳을 수 있겠지만, 이러한 불안감 또한 어쩔 수 없는 현실이다.

예전에는 시스템이 완벽한 것처럼 보였다. 현 시스템은 근대 사회를 이끈 정신인 계몽주의 시대에 탄생한 것으로, 이 시대에 나타난 이성 중심의 과학적 방법론은 전체 맥락으로부터 과정을 분리시켜서 이를 통해 전체를 추정하는 것이었다. 만일 문제가 발생하면, 시스템 스스로가 과정을 개선하고, 새롭고 보다 효율적인 것을 고안해 냈으며, 심지어 그 과정들을 복제할 수 있는 기계를 만들었다. 인간들은 자연이 어떻게 작용하는지를 모두 이해하고 있다고 믿었다. 또한 미래를 예측할 수 있고, 무한하게 발전할 수 있고, 모든 것을 파악할 수 있다고 확신했다.

우리 인간은 스스로가 각자의 삶을 완벽하게 통제할 수 있다는 환상 속에서, 우리 마음대로 지구를 활용하여 혜택을 누리고 또한 이윤을 추구할 수 있다고 믿었다. 하지만 미식학과 생태학에 관심이 있는 사람이라면, 전체론적이고 체계적인 접근 방법의 결여가 생태계의 연관성들을 고려하지 못하고 심각한 피해를 일으켜왔음을 알아차리게 된다. 먹을거리를 재배하고 가공하고 소비하는 이 모든 과정들을 서로 관련 없는 하나의 기계적 절차로 축소시킴으로써, 우리 인간의 생존에 필수적인 '먹다'라는 행위가 담긴 의미들을 놓치게 된 것이다.

사실 세상 사람들 모두가 불확실성에서 허우적대고 있지는 않다. 불확실성은 기존의 시스템을 통해 문제를 해결해 보려고 어둠 속을 헤매고 있는 사람들의 것이다.

테라 마드레 음식공동체들은 우리들에게 또 다른 출구가 있다는 것을 가르쳐준다. 우리가 음식으로 다시 시작해야 하며, 다시 한 번 더 음식을 중심에 두고 삶을 도모해야 한다고 가르친다. 우리 자신이 먹히도록 방치할 게 아니라, 기본으로 돌아가서 음식을 이해하고 음식을 경작하고 키우고 선택하고, 그리고 먹는 방법을 우리는 배워야 한다. 우리는 오직 이 방법을 통해서만이 더 나은 생활양식을 찾게 될 것이다.

5장

식량주권

음식 생산에 주요한 역할을 하는 사람들 모두가 다시 '주권자'가 되어야 한다. 땅에 어떤 씨를 뿌릴지, 어떤 가축은 축사에서 키우고 또 어떤 가축은 목초지에서 키울지, 그리고 어떤 종과 어떤 종자와 어떤 기술을 사용할지 그들 스스로 결정할 수 있어야 한다.

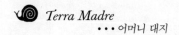
•••　　　　음식이 인간을 소비하는 세상에서는 음식이 인
간을 통제한다. 그것은 산업화되고 표준화되고 세계화된 비자연적
인 음식이요, 지속불가능하며 밭에서부터 우리의 뱃속에 이르기
까지 지구 전체를 오염시키는 음식이다. 또한 위기와 불확실성을
만들어내는 음식이다. 그 음식들의 책임자들, 즉 그 음식의 주권
자는 그것을 생산하는 사람들이다. 그들은 바로 식품회사와 다국
적 영농기업과, 대형 유통업자들이다. 대형 유통업자들은 농부들
이나 공동생산자들의 이익은 전혀 고려하지 않고 생산물의 가격을
책정하고 있다.

　음식을 먹는다는 행위에 다시 능동적인 의미를 부여하고 음식
과 제대로 된 관계를 회복하기 위해서는, 먼저 먹을거리를 생산하

는 사람들과 그것을 소비하는 사람들 간에 동맹을 맺고 합의를 이루어야 한다. 다시 말해서, 음식을 삶의 중심에 두거나 또는 그러기를 원하는 사람들은 음식이 마땅히 가져야 할 가치와 중요성을 다시금 음식에 부여해야 한다.

음식 생산에 주요한 역할을 하는 사람들 모두가 다시 '주권자'가 되어야 한다. 땅에 어떤 씨를 뿌릴지, 어떤 가축은 축사에서 키우고 또 어떤 가축은 목초지에서 키울지, 그리고 어떤 종과 어떤 종자와 어떤 기술을 사용할지 그들 스스로 결정할 수 있어야 한다. 그들은 자신들의 문화 전통과 지역 환경을 보호받고, 그들이 생산하는 농산물이 그들 민족의 역사와 풍습을 반영하는 요리에 이용되고, 자연 순환과 지구의 재생능력도 존중받아야 한다. 이것이 바로 우리가 말하는 '식량주권'의 진정한 의미다.

❀ 문명의 재정복

식량주권은 "국가적, 지역적, 그리고 공동체 차원에서의 기본 원칙이다. 모든 국가, 지방, 지역의 단체 및 공동체들은 땅, 물, 지역 생태계를 보존하고 아끼며, 생산자의 생계를 지원하고, 누구나 이용 가능한 방식으로 유익한 음식을 충분히 생산하기 위한 모든 조건을 보호하고 유지하고 지지할 권리와 의무를 우선적으로 가진다. 그 어떤 국제기구나 다국적 기업도 이러한 우선권을 바꿀 권리가 없다. 또한 그 어떤 국제기구도, 이유 여하를 막론하고, 어느 국가에 대해 그 나라가 원하지 않는 수입을 하도록 요구할 권리가 없다."[1]

하지만 우리가 아직도 이러한 원칙과 권리를 주장해야 하고 모든 사람들에게 적용되도록 지속적으로 호소해야 한다는 것은 우리 시대의 모순이 아닐 수 없다. 아마 여러분은 아래에 기술된 문장이 더할 나위 없이 평범한 내용이라고 생각할 것이다.

"나는 밭을 소유하고 있고, 그 땅에서 제일 잘 자라는 품종, 즉 재래품종을 재배하기 위해 그 밭을 이용하며, 내가 농사를 짓는 것은 최우선적으로 내 자신과 내 가족을 위해서이며, 그런 다음 남은 생산물을 내다 판다. 그 이유는 내가 사는 지역을 비롯한 주변 지역에는 내 일과 내가 작물을 키우는 데 들인 정성을 인정해 주는 사람들이 있고, 그들은 내 작물을 사기 위해 적정한 가격을 지불하기 때문이다."

이건 평범한 내용이 아니다. 상기한 내용을 하나하나 뜯어본다면, 이 긴 문장에 포함된 단순한 주장들이 결코 평범한 것이 아니라는 사실을 알게 된다. 예컨대 '재배하다', '내다 팔다', '인정하다', 그리고 '적정 가격을 지불하다'와 같은 말들은 농부들과 농산물을 먹는 사람들의 덫이 되어 버렸다. 밭에서 식탁으로 가는 여정 속에 존재하는 중간 상인들이 이 말들의 의미를 왜곡시켜버렸다. 그들

....

1 '식량과 농업의 미래를 위한 국제위원회(ICFFA: International Commission on the Future of Food and Agriculture)'에서 마련한 「식량의 미래에 관한 선언(Manifesto on the Future of Food)」에 수록되어 있는 내용이다. 필자는 '음식주권'에 관한 여러 정의들 중에서, 본인이 소속되어 있는 ICFFA에서 타결한 상기 선언에서 제안하는 정의를 가장 설득력 있는 것으로 생각하며 사용하고 있다.

은 이 말들을 이윤 창출의 수단으로 바꿔 버렸고, 그 결과 우리는 당연히 우리가 누려야 하는 것을 요구해야만 하는 상황이 되었다.

예컨대 우리가 자주 쓰는 '유기농'이라는 말을 곰곰이 생각해보면, 이것만큼 이율배반적인 말도 없을 것이다. 도대체 왜 합성 비료를 주지 않은 깨끗하고 비옥한 흙에서 자라난 자연의 산물임을 증명하고 딱지를 붙여야 한단 말인가? 이것은 자연이 한 일이므로 지극히 정상적인 것이어야 한다. 하지만 터무니없게도 천연 산물은 증명되어야 하는 특별한 것이 되었고, 그 나머지, 자연환경에 첨가한 온갖 인공물과 이물질에 의해 엉망진창이 된 나머지 것들은 '평범한' 음식으로 둔갑되고 말았다.

인권의 기본 원칙인 식량주권을 획득한다면 음식공동체들의 지혜와 지식이 장려되고 널리 보급될 수 있다. 식량주권은 음식공동체들의 기치이자, 미식학의 전 영역을 아우르는 권리와 비법과 문화의 방향을 보여 주는 표지가 될 것이다. 이에 의한 지식 체계는 음식의 미래를 여는 새로운 양식이 될 것이다. 그것은 우리가 서서히 구축해야 할 신문명이자 신인본주의이다.

🌿 생산주권

식량주권을 획득하려면 모든 사람들이 풍부하고 건강에 좋은 음식을 생산할 권리가 보장되어야 한다. 현재 세계적으로 굶주리고 영양결핍에 시달리는 사람들의 수는 10억 명이 넘는데, 이는 세계 총인구의 약 15퍼센트에 해당한다. 하지만 이러한 식량 위기의 원인은 생산량 부족 때문이 아니다. 오늘날 식량은 지구에 사는 모든 사람들이 먹기에 충분할 만큼 풍부하다. 문제는 이렇게 충분한 생산물을 모든 사람들이 먹을 수 있는 것이 아닌 현 시스템에 있다.

앞장에서 우리는 현재의 사태에 이르게 만든 여러 부정적인 현실들을 고찰해 보았다. 이 장에서는 식량주권을 보장할 수 있는 원칙들을 개략적으로 살펴본다. 동시에 우리가 해야 할 일은 거대한 지배체제와 뒷거래를 하거나 몰록[2]으로 변한 시장에 무조건 맞서는 대신, 이 문제를 개별적으로 접근하여 지역 차원에서 행동을 시작하는 것, 바로 이 지점이 비민주적이고 단일화된 글로벌 시스템의 부작용을 바로잡을 수 있는 지점임을 실례를 들어 입증하겠다. 새로운 방법의 시도와 전통 농산물 되살리기 등 공동체와 지역 주민들의 발의를 하는 활동만이 모두가 이용 가능한 풍부하고 건강에 이로운 식량 생산을 담보할 수 있을 것이다. 하지만 안타깝게도 세계 대부분의 지역에서 이러한 일이 일어나지 않고 있는데, 그 이유는 부유한 서구 세계에서 농부들을 배제하고도 식량 생산이 가능하다고 판단했기 때문이고, 인도주의적 지원을 내세우면서 지역 시장과 지역 농업을 파괴시켜왔기 때문이다. 또 다른 이유는 단일 경작과 국제기구의 대규모 프로젝트들이 우위를 차지해왔기 때문이다. 성장과 발전을 모토로 한 이러한 방식들은, 적어도 많은 사

....
2 아이를 제물로 바치며 섬긴 셈족의 신 _옮긴이 주

람들의 최저 생활을 보장해 주었던 전체 식량 생산 체계를 완전히 파괴시켰다.

무엇을 생산하고, 어떻게 생산하고 유통할 것인지에 대한 선택권을 다시 음식공동체에 돌려주는 것만이 우리와 지구를 먹어치우고 있는 이 거대한 기계를 멈출 수 있을 것이다.

🌿 지속가능성의 주권

식량주권을 위해서는 생산지의 생태를 온전하게 보전해야 한다. 생태가 온전하게 보존된다는 것은 공동체 생존의 원천이기 때문에 공동체들은 이를 유지하기 위해 노력해야 한다. 음식공동체들은 자연 생태가 위태로워지는 것을 원치 않으며 가능하면 온전한 상태에서 생산할 수 있기를 바란다. 이와 달리 화학비료와 농약을 사용하여 생산량을 계속 증가시키는 것이 목적인 상황에서는, 모든 지역이 파괴되고 약탈당하며, 대규모 단일경작과 가축농장이 집중적으로 구축되고 있다. 그 결과 서식동물들은 다른 곳으로 이주하고, 최근 수십 년 동안 토양 비옥도와 생물다양성은 점점 더 위태로워지고 있다.

지구 역사상 토양과 지하수를 품고 있는 지층인 대수층이 이 정도로 황폐해진 적이 없었다. 공공의 것이 되어야 할 수자원과 수도관 같은 기간 시설들이 사유화되고 있으며 바다는 착취되고 오염되고 있다.[3] 그 결과 전체 식용자원들이 위험에 처해 있다.

국제기구들은 지역 공동체에 성장 개념을 적용시켜 지역경제를 혼란에 빠트리지 말고, 공동체와 그들이 갖고 있는 기존의 생산 방식에 좀 더 관심을 기울여야 한다. 또한 세계 자유 시장의 요구와 변화에 부응하기 위해 지역 공동체의 생산량을 증대시킬 방법을 찾을 게 아니라, 지속불가능한 방식을 지역에 적용시키려는 '영악한 무리들'을 쫓아내고 공동체 스스로가 식량주권에서 오는 이익을 효과적으로 활용할 수 있도록 해야 한다. 이것이 바로 확실한 권한과 권위를 부여받은 국제기구들이 해야 할 역할이요 임무다. 이는 그리 어려운 임무가 아니다. 국제기구들은 임의로 사용할 수 있는 중요한 경제적 자원이 있고, 또한 공동체들의 터전이 위험에 처하지 않도록 하는데 기득권을 가진 많은 공동체들과 연대하고 있을 터이기 때문이다. 그렇다고 지속가능한 방법과 생태계를 온전하게 보존하는 것이 지역에서 당연시되는 것만은 아니다. 불행히도 단기간에 부자가 될 수 있다는 유혹에 빠진 지역도 있다. 이러한 지역에서는 부도덕하게 돈을 벌고자 하는 군상들을 쉽게 만날 수 있다. 만일 공동체의 자체 관리가 제대로 되지 않는다면, 식량주권이 위협받는 곳에 식량 분야를 전담하는 UN기구 같은 감사 기관

....

3 기후변화로 인한 사막화 현상은 빠른 속도로 진행되고 있다. 전 세계적으로 소비되는 물의 70%가 농업용수로 이용된다는 점(산업은 22%, 가정은 8% 이용됨)과 농산물 생산 증대를 밀어붙이는 현재 추세를 생각해 봤을 때, 가까운 장래에 지구가 직면하게 될 가장 큰 문제가 무엇일지를 추측하기란 그리 어렵지 않다. 볼리비아의 코차밤바 Cochabamba라는 도시는 물 민영화를 포함한 많은 사회 갈등의 상징이 되었다. 이 지역 상수도를 민영화한 결과, 2000년 4월에 경제 형편이 어려운 이 지역 주민들은 하룻밤 새에 300%나 오른 수돗물 청구서를 받게 되고, 이로써 그들 수입의 25%를 물 사용료에 쓰게 되었다. 성난 민심으로 이어진 폭동은 역사의 한 페이지를 장식했다.

을 설립하는 것도 고려해 볼 필요가 있다.

농부들은 종종 산업형 농업의 출현이 농부 스스로에게 책임이 있다고 생각한다. 마치 농부들이 분별없이 산업형 농업을 지지한 것처럼. 이와 관련하여 자주 이야기되는 사례 중 하나가 전문가의 조언을 따라서 처음으로 자기 땅에 비료를 뿌리고 자기가 키우는 농작물에 살충제를 뿌린 농부의 이야기이다. 그 결과는 긍정적이었다. 그래서 농부는 다음 해에 비료량을 늘렸고, 결국 토질을 망치고 말았다. 그는 '작년에 그 만큼의 비료를 써서 수확량이 증가했으니까, 올해에는 그 양을 세 배로 늘여야겠어!'라고 생각했던 것이다. 하지만 비료와 농약을 홍보하며 농촌 지역을 돌아다녔던 판매원 중에 농부들을 찾아와서 정해진 양 이상 사용하면 안 된다는 사실을 알려준 사람은 아무도 없었다. 따라서 농부들은 기만당했고, 자신도 모르게 공범자가 되어 버린 것이다.

이제 농부들에게 어떻게 일하라는 지시를 그만둘 때가 되었다. 농부들은 시스템에 대해 아니오, 라고 말하고 자신들의 부모 세대에서 중단된 것으로부터 다시 시작할 때가 되었다.

🌿 자급자족

최초의 원시농업은 자급농업[4]이었고, 거래는 그 후에 생겨났다.

·······

4 자급농업 Subsistence agriculture 생산한 농작물이나 가축을 농가의 생활을 유지하는 데 쓰며 판매를 위한 잉여 작물을 거의 남겨 놓지 않는 농업의 형태 _옮긴이 주

지금까지도 후진국에서는 가족이 살아가는 데 필요한 농작물을 생산하는 소규모 자급농업이 남아 있다. 바로 이런 사실 때문에 자급자족을 위해 농작물을 생산할 권리를 주장하면 그것이 과거로 돌아가는 시도라고 하거나 가난한 사람들의 고달픈 생활이라고 여기기도 한다. 소비주의를 신봉하는 이들은 '자급자족'이란 말을 '후진국'이라는 말과 동일시하는 것이다. 하지만 텃밭이나 옥상 정원에서 채소를 기르는 것 역시 자급농업이며, 지역 주민에게나 농산물 직판장에서 판매하기 위해 농산물을 생산하는 많은 농부들도 그들 가족이 먹고 남은 잉여 농산물을 판매하는 것이다. 또한 다양한 농산물을 생산할 수 있는데도 단일경작이나 집약농업으로 바꾼 사람들도 자급농업의 범주에서 완전히 제외시킬 수는 없다. 그들이 여전히 채소밭을 일구고 있을지 누가 알겠는가?

텃밭 얘기가 나와서 말인데, 텃밭 재배는 어떤 지역에서든 최소 규모로 자급농업을 실행할 수 있는 최선책 중 하나다. 테라 마드레는, 슬로푸드와 슬로푸드 산하에 있는 생물다양성 재단의 후원 하에, 전 세계의 많은 텃밭 프로젝트에 활기를 불어넣어 왔다.

그 중 한 예가 아이보리코스트[5]의 '균형 잡히고 건강한 학교 급식 계획Equilibré et Sain dans nos Cantines Scolaires scheme'으로, 이는 슬로푸드 재단이 소비자 교육 프로그램을 진흥시키기 위해 슬로푸드 시가타Chigata Slow Food 지부와 손잡고 진행해온 마을 텃

....

5 서아프리카에 있는 공화국으로 정식 명칭은 코트디부아르. 1893년에 프랑스 식민지가 되었다가 1960년에 완전히 독립함 _옮긴이 주

밭 프로젝트다. 코트디부아르의 북중부 사바네 주에 있는 도시 코로고Korhogo에서 50마일 떨어진 곳에 위치한 응가농N'ganon 마을에서 그 텃밭 프로젝트를 해오고 있다. 무엇보다 어린 학생들을 위해 만들어진 이 프로젝트는, 마을 주민 모두를 참여시켜서 응가농의 지역경제에 도움이 되는 긍정적인 결과를 가져왔다. 이 프로젝트 덕택에 이제 그 마을의 학교는 학생들에게 지역의 신선한 농산물로 만든 코트디부아르 전통 음식으로 하루 두 차례 급식을 하게 되었다.

이것은 2008년 4월에 슬로푸드 콘비비움[6]의 회원들이 응가농 마을 주민들에게 이 프로젝트를 소개하면서 시작되었다. 그 후 마을 이장이 7헥타르의 땅을 기부하는데 동의했으며, 2백여 명의 마을 여성들이 그 땅에서 농산물을 재배하여 학교 급식 재료로 제공하겠다고 서약했다. 그로부터 3개월 후, 마을 여성들은 7헥타르의 땅을 쟁기로 갈고 일구어서, 전문 농업인들의 도움을 받아 그 땅에 가장 적합한 농작물을 선택하여 씨앗을 뿌렸다.

그러는 한편 응가농 마을 여성들은 협동조합을 결성해서 농작물을 학교에 제공할 뿐만 아니라 그 프로젝트를 진행할 기금을 마련하려고 지역장터에다 농작물을 내다팔았다. 그 결과 응가농 마을에 사는 백여 명의 학생들은 매일 전통 음식을 먹을 수 있게 되었고 마을 사람들의 살림살이도 나아졌다.

....

6 convivium. 같은 지역의 회원들이 함께 모여 식문화에 대한 토론과 정보 교환도 하고 함께 와인 파티나 미식 모임도 갖는 공동체를 뜻하며, '지부 支部'로 바꾸어 부를 수 있다. _옮긴이 주

응가농 마을의 사례는 다양한 기관의 후원으로 진행되는 여러 프로젝트들과 함께 최근 몇 년 동안 자발적으로 만들어진 텃밭의 한 예다. 이탈리아에서는 현재 그와 같은 학교 텃밭이 2백여 개이며, 전 세계의 많은 슬로푸드 지부들은 교육은 물론 자급자족까지 병행할 수 있는 이런 소박한 텃밭 프로그램을 활발하게 진행해왔다. 학교 텃밭은 뉴질랜드, 스위스, 독일, 미국, 그리고 남미와 아프리카에 이르기까지 나날이 증가하고 있다.

이와 같은 결과에 대해 캘리포니아 버클리에 있는 셰 파니스 레스토랑을 운영하는 미국의 유명 요리사 앨리스 워터스 같은 사람들에게 특히 감사를 표해야 한다. 유기농 운동의 선구자로서 미국의 식문화를 바꾸는 데 앞장서온 앨리스 워터스는 캘리포니아에 학교 텃밭을 만들었으며, 많은 사람들이 자신처럼 텃밭을 만들어 보도록 영감을 주었고, 자신의 경험담을 전 세계에 널리 알리고 있다.

또한 필자가 2008년 테라 마드레 개회식 연설에서 언급했던 샘 레빈Sam Levin과 같은 청년들의 공도 인정받아 마땅하다. 샘은 자신의 학교에 텃밭을 일구어서, 많은 친구들을 참여시키고 학교 식당에 먹을거리를 제공했던 미담의 주인공이다. 오늘날 샘은 미국 전역과 해외, 특히 아프리카에서 강연자로 큰 인기를 얻고 있으며, 수많은 청년들에게 자기가 텃밭을 일구게 된 이유와 그 방법을 알려줌으로써 그들도 할 수 있다는 자신감을 불어넣어 주고 있다.

이러한 것이 식량주권을 보장하는 식량체계의 출발점이 되어야 한다. 즉 식량주권을 보장하는 식량체계는 자급자족으로부터, 생산자가 먼저 자신들이 먹을 농산물을 생산하는 권리로부터, 모든 사람이 작물을 기르고 가축을 기를 자유에서부터 출발해야 한다. 이것은 세상 어디에서나 가능한 일이며, 과거로의 회귀를 의미하지 않는다. 이는 오직 자급자족만으로 살아가는 사람들 뿐만 아니라 잉여농산물을 팔아서 수익을 올리는 사람들에게도 모두 똑같이 적용된다. 즉, 이러한 주장은 개발도상국이든 낙후 지역의 공동체든, 선진국이든, 농산물의 대부분을 판매하는 농부든 간에 똑같이 해당된다.

먹을거리는 그 자체로 자급자족을 의미한다. 자연과 직접적으로 관계하는 사람들인 농부들이 자급자족 농업을 실천하지 않는다면, 세상이 이성을 되찾을 가능성은 거의 없다. 모든 사람에게 자신들이 먹고 싶고 그들 공동체가 원하는 먹을거리를 재배할 수 있게 하는 것은 과거로의 회귀가 아니다. 그 반대로 이것은 통제 가능하며 자연의 질서를 파괴하지 않고 정당한 이윤을 거두는, 보다 민주적인 식량체계를 위한 것이다. 또한 판매가 목적이 아니라 먼저 생산자가 먹고 나서 남은 농산물을 판매하는 시스템의 토대가 된다.

🌾 다양성

앞에서 언급한 것처럼, 다양성은 테라 마드레의 토대가 될 뿐만 아니라, 네트워크를 활력 있고 창의적으로 만들어서 사람들을 풀뿌리 차원에서 연대할 수 있게 하고, 다른 사람들의 독자성을 존중하는 지도 이념 중 하나다.

생물다양성이 높은 자연이 생존과 진화, 번성의 가능성이 더 많으며, 자원도 더 풍부하고 역경에 대처하는 여건도 더 잘 갖추어져 있음을, 자연은 우리에게 가르쳐 준다.

이러한 사실은 인간에게도, 우리가 사는 곳에서 오랜 세월 동안 적응하며 지니게 된 다양한 문화에도 똑같이 적용된다. 독자성은 무엇보다 다름과 차이에 의해 드러난다. 상호 교류와 비교가 없으면 독자성은 약해져서 오직 민속박물관 전시물로서의 기능만 하게 될 것이다. 소비사회는 구조적인 이유로 이러한 차이들을 없애고 동일하게 만들려는 경향이 있다. 소비사회가 생존하기 위해서는 모든 소비자들이 범국가적이고 세계 어디서든 두루 적용되도록 표준화 방식으로 생산되는 것이 필수이다. 표준화, 균등화가 지배하는 상황에서는 지역 생태와 지역 문화에 기반을 둔 식량주권을 내세우는 것은 불가능하다. 다양성에 대한 존중이 없다면 주권도 없는 것이다.

✻ 시너지

'시너지'는 오늘날 자주 오용되는 말 중의 하나다. 시너지는 경영학 용어로서, 둘 이상의 에너지 주체가 결합하여 개별적으로 얻을 수 있는 것 이상의 결과를 내는 작용을 말하는데, '동반 상승효과'

라는 의미를 가진다.

식량주권을 주장하는 공동체들은 대대로 토착 공동체에서 해온 방식대로 시너지를 실천한다. 그것은 공동체 구성원 사이의 시너지요, 공동체와 주위 환경 사이의 시너지며, 공동체와 가깝거나 먼 다른 공동체와 사이의 시너지이다. 간단히 말해서, 다양하게 교류되는 에너지는 시너지로서, 이는 감성적 지성에 의해 작동하고 전파되기 때문에 합리적으로 해석하기 힘들다. 이는 또한 태도와 존경에 관한 문제이므로 완전히 이해할 필요가 없다.

시너지는 공동체 구성원들 사이에서, 그리고 여러 다양한 공동체들 사이에서 존재하는데, 그것은 그들이 공통된 가치를 공유하기 때문이다. 모든 것에 값을 매기는 시장경제와 달리 여기서는 상부상조와 기부가 정도에 어긋난 행위가 아니다. 공동체의 구성원들과 다양한 공동체들이 서로 노동력을 주고받으며 공정거래가 이루어진다. 이러한 가치들이 인정되던 때는 먹을거리와 노동이 신성하다는 것에 대해 그 누구도 부인하지 않았고, 사적인 이해관계가 없다 해도 문제가 안 되었다.

환경과 천연자원의 시너지도 있는데, 이는 환경과 자원이 필요 이상으로 이용당하지 않고 자연의 순환도 지켜지기 때문이다. 음식도 역시 에너지다. 식물을 통해 우리에게 필요한 영양소로 변하는 태양 에너지인 것이다. 우리는 이 에너지를 알뜰하고 분별력 있게 양심적으로 이용해야 한다. 그래야 이 에너지를 '생명의 숨결'을 만드는 물질대사의 상호작용 속에서 지구로 그 에너지를 되돌려줄 수 있다. 음식이 공급하는 에너지보다 음식을 생산하는 데 더 많은 에너지를 쓴다면 그것은 모순이며 지구를 재앙으로 몰고 갈 것이다.

시너지는 앞에서 말한 것들이 조화를 이루는 것이다. 시너지의 극대화는 지역에서, 다시 말해 자연 생태와 문화가 자연스럽게 순환되고 그 속에서 사람들의 요구도 적절하게 반영할 수 있는 지역 차원에서 가능하다.

재활용과 재사용

음식공동체는 기본적으로 절약을 지향한다. 낭비는 음식과 그 음식을 만드는 데 필요한 모든 유무형적 요소들의 가치를 존중하지 않는다는 면에서 음식공동체와 반대되는 개념이다. 식량주권은 절약과 재사용과 재활용의 원칙을 지키지 않으면 보장받을 수 없다. 음식공동체들은 항상 이 원칙을 지켜왔고 음식공동체에게 없으면 안 되는 부분이다. 앞에서도 언급한 바와 같이, 이는 새로운 산업혁명을 위한 중요한 자극 중의 하나이며, 새로운 산업혁명은 필연적으로 탈산업화 과정을 따르게 될 것이다.

탈산업화란 말도 어떤 면에서 모순처럼 들릴지도 모른다. 하지만 사실은 그렇지 않다. 탈산업화는 모든 것이 제자리를 찾고 근본적 모순을 없앤다는 의미다. 탈산업화는 무엇보다 권력의 집중화를 줄이고 다양성에 더 많은 의미를 부여하는 것으로, 이 모든 과정은 공동체에서 처리할 수 있기 때문에 관리가 가능하다. 지역 음식공동체들은 농사를 짓고 음식을 만드는 과정에서 나오는 쓰레기를 다음 과정의 에너지로 활용하는 법을 잘 알고 있다.

가축의 배설물은 농사의 거름으로 사용해야 한다. 항생제와 유해 물질 덩어리로 압축되어서는 안 된다. 목초지는 환경을 정화시키고 화재를 예방하는 역할을 해야 하며, 이로써 생물다양성을 유지하는 수단이 되어야 한다. 가축들이 풀을 뜯어 먹는 땅은 채소 재배에 잘 맞아서 좋은 작황이 나올 수 있다. 가축 배설물과 채소 쓰레기 중 일부는 바이오매스를 이용하여 에너지로 변환할 수도 있다. 이는 최신 기술에서 나온 것이다. 그러므로 지역 음식공동체들을 과거지향적이라고 비난해서는 안 될 일이다. 지역에서 도축하고 고기를 사는 사람들에게 다양한 요리법에 대해 교육하면, 사람들이 많이 찾는 부위뿐만이 아니라 가축의 모든 부위를 먹게 되는 것이므로 음식물 쓰레기를 줄일 수 있다. 어느 공동체든 가축의 모든 부분을 손질하고 요리하는 다양한 요리법이 있고, 남은 음식으로 새로운 요리를 만들거나 가축의 사료로 사용하기도 한다. 각각의 공동체가 지니고 있는 요리법은 곧 지식의 원천이다.

이러한 재활용 방법은 농촌 공동체에만 국한되어서는 안 된다. 세상 누구나 이용할 수 있고, 단순 단계를 넘어 분리한 쓰레기를 생산 과정에 다시 활용하는 핵심 기술을 만들어 내는 데까지 나아갈 수 있다.

식량주권을 획득하기 위해서는 재활용과 재사용에 기반을 두고

'음식물 쓰레기 제로'와 '일회용품 제로'를 이루는 활동을 벌어야 한다. 이렇게 해야만 소비주의에서 탈출할 수 있고, 지구에 옳은 일을 하는 것이며, 인류 역사에 기적을 일으킬 창조성에 불을 붙일 수 있는 것이다.

탈집중화

농업의 산업화와 세계 식량체계가 가져온 결과 중 하나는 공급체계가 지나치게 집중되고 과도하게 중앙집권화된 것이다.

북반구의 부유한 나라들은 농부 없이도 농산물을 생산할 수 있다고 생각하며 집중화된 시스템을 취했고, 거대농가들이 점차 소농들을 흡수함으로써, 불가피하게든 자발적으로든 농촌을 떠나는 사람들이 점점 더 많아지고 있다. 〈표 5-1〉에서 보다시피 지난 한 세기 동안 미국에서 일어난 현상이 그 전형적인 예라고 하겠다.

이와 똑같은 현상이 남반구에 있는 후진국들에게서 일어나고 있다. 이곳에서는 세계은행World Bank과 같은 국제기구의 신식민주의와 소위 녹색혁명이라는 미명하에 기획된 개발, 그리고 다국적 기업에 의한 강압적 신기술 도입으로 인해 생산의 집중화가 심화되어 왔다. 그 결과 많은 소규모 자급자족형 농민들은 자기 땅을 버리고 도시로 떠나거나 대지주들의 고용인으로 전락했다.

기술의 표준화, 단일재배, 수출을 위한 균일한 원자재 생산의 필요성… 이런 현상들은 기업형 농업의 다른 전형적인 특징들과 함께, 지역의 지리 환경과는 상관없이 똑같은 방향으로 나아가고 있다. 그것은 바로 토지 소유의 집중화와 대량생산이다.

〈표 5-1〉 미국 농장 통계

	총인구	농촌 인력	농부 수(추산)	농장 수	평균 농장 크기 (단위: 에이커*)
1900	75,994,226	노동인구의 38%	29,414,000	5,740,000	147
1930	122,775,046	노동인구의 21%	30,455,350	6,295,000	157
1950	151,132,000	노동인구의 12.2%	25,058,000	5,388,000	216
1970	204,335,000	노동인구의 4.6%	9,712,000	2,780,000	390
1990	261,423,000	노동인구의 2.6%	2,987,552	2,143,150	461

*에이커: 약 4,046.8m² ㅣ 참조 자료 : Agriculture in Classroom, http://www.agclassroom.org

축산농가에서도 이와 똑같은 집중화 과정이 이루어져 왔다. 단일경작은 인간이 소비할 먹을거리가 아니라 동물 사료 생산에 집중된다는 점도 역시 생각해 보아야 할 문제다. 몇몇 국가에서는 거대 축산농가에서 많은 수의 동물을 한곳에 집중 사육하는 현상이 한계에 다다라서 사람은 말할 것도 없고 동물들의 건강도 보장할 수 없는 상태가 되었다.

대형 유통업체의 도살장과 다른 생산 및 유통망에도 똑같은 상황이 발생하고 있다. 이는 미국 내에서 소비되는 소고기의 80퍼센트가 단 13개의 정육 시설에서 가공되고 있다는 사실로도 잘 알 수 있다. 유통업계는 큰 기업들이 작은 업체들을 흡수함으로써 집중화 과정을 거쳤다. 이 모든 것이 산업화 과정에서는 일반적인 일이지만, 여기서 논하고자 하는 것은 음식에 대한 것이다. 심지어 소비 행위조차도, 슈퍼마켓 체인점에서 식품을 사든, 전 세계 어디서든 같은 서비스를 제공받는 패스트푸드점에서 사먹든 간에 '식량 지배력'은 소수에게 집중화되고 있다.

그들은 불과 반세기 만에 집중화된 경제 모델이 세계의 식량체계로 자리 잡은 것을 정당화하기 위해 생산성 증가와 시스템의 효율성을 내세웠다. 또한 집중화를 통해 세계인 모두에게 식량을 공급하고 우리 식탁에 오르는 먹을거리들을 통제할 수 있다고 주장해왔다. 하지만 우리 모두가 알다시피, 생산성 증가와 효율성은 일어나지 않았고, 오히려 상황은 점점 더 악화되어 왔다. 보다 탈집중화된 시스템만이 지역 주민들과 공동체들에게 먹을거리에 대한 '지배력'을 돌려주어 보다 효율적인 생산 시스템을 만들 수 있을 것이다.

'식량의 미래에 관한 선언'은 2006년에 발표된 연구 결과를 인용하고 있는데, 그 연구는 52개국에서 실시되는 200개가 넘은 지속가능한 농업에 관한 것으로, 총 3천만 헥타르의 땅과 9백만의 농촌 가정들을 대상으로 하고 있다. 일군의 대학들의 지원으로 이루어진 이 연구는 지속가능한—따라서 비교적 탈집중화된—방식이 '상당한 수준의 생산량 증가로 이어질 수 있다'는 결과를 보여 주었다. 일부 기본적인 농산물을 재배하는 생산자들은 지속가능한 재배 방식 덕분에 소득이 150퍼센트 증가했다. 유기농 재배 농가들은 기존의 재배 방식을 그대로 사용한 생산자들보다 생산 비용을 훨씬 줄였고, 수확량이 약간 적게 나온 경우에도 더 큰 수익을 얻을 수 있었다. 일반적으로 유기농 농업은 '면적 단위'로 계산했을 때 수확량이 더 높은 것으로 밝혀졌다. 하지만 산업형 농업 전문가들은 단위 노동당 수확량을 효율성의 척도로 삼는 오류를 범하고 있다. 그러나 산업형 농업의 생산 과정에서는 대부분의 인간 노동력이 기계와 화학물질로 대체되기 때문에, 사실은 전혀 효율적이지 않음에도 불구하고 효율적인 시스템인 것처럼 보이는 것이다. 또한 산업형 농업이 대지와 토양과 시민들의 건강에 끼친 피해는 돈으로 산정하기 불가능할 정도라는 사실을 감안했을 때, 산업형 농업의 생산 통계는 이보다 훨씬 더 왜곡되었다고 할 수 있다.[7]

연구 조사의 대부분이 규모는 작지만 생물다양성의 수준이 높은 농장들들은 생산성이 기업형 농장의 생산성과 맞먹으며, 또한 시스템 자체에 유익하다는 사실을 증명해왔다. 필자는 이탈리아에서는 시장의 요구에 부응할 수 있는 집약화된 농장이 부족하기 때문에 경쟁력이 없다는 말을 들을 때마다 화가 난다. 이탈리아에서는 생산의 탈집중화와 대기업보다 중소기업들의 급증에 따르는 긍정적 효과를 목격할 수 있기 때문이다. 이탈리아의 많은 요리사들과 이탈리아 농부들의 재배 기술과 축산 기술은, 기업형 농장에서 기른 것보다 더욱 질 좋고 건강에 좋은 농산물을 우리에게 제공하고 있다. 이 모든 것은 지역에 깊이 뿌리내린 농장들과, 대형 유통 시스템으로부터 독립된 지역의 농업 덕분이다. 탈집중화의 장점을

....

7 식량 미래에 관한 선언 Manifesto on the Future of Food, 2006, http://www.arsia.toscana.it/petizione/documents/cibo/cibo_ing.pdf 참조

가장 잘 보여 주는 사례는 이탈리아에서 성공 모델로 얘기되고 있는 이탈리아 와인업계의 일이다.

이탈리아 와인업계는 1986년 메탄올 와인 사건[8]이 터지고 난 뒤 약 10년 동안 폐점 위기에 가까운 어려움을 겪어야 했다. 하지만 90년대 중반 이후부터 다시 최고급 프랑스산 와인과 국제시장에서 겨룰 정도의 부흥기를 맞았다. 어떻게 이런 일이 가능했을까? 간단히 말하면, 많은 소규모 와인 양조장들이 훌륭한 빈티지 와인을 생산하기 위해 그들의 테루아terroir 즉, 포도주가 만들어지는 자연환경의 특징을 십분 활용했기 때문이었다. 얼마 지나지 않아, 이탈리아 전역의 모든 와인 제조업자들이 이러한 전략을 따라서 생산량을 늘리고 품질을 향상시키고, 그 결과 상당한 시장 점유율을 확보하여, 국제적인 찬사를 얻게 되었다. 이탈리아는 운이 좋았다. 이탈리아의 다양한 기후 조건과 지형학적 조건, 또한 매우 다양한 토종 포도 품종들 덕분에 생산이 일률적으로 표준화되지 않고 다시 예전 상태로 회복할 수 있었던 것이다. 오늘날 와인업계는 맛의 표준화는 하나의 재앙으로 보고 있으며, 생산자들은 다양성을 십분 활용해야만 와인에서 최대한의 이윤을 창출할 수 있고 또한 시장에서 성공할 수 있다는 사실을 충분히 인식하고 있다.

선진국에서든 후진국에서든 분권화된 농업 없이는, 중소규모의

....

8 1986년 이탈리아의 몇몇 포도주 양조장에서 포도즙과 메틸알코올을 섞어서 와인을 제조한 것이 적발되었다. 이로 인해 공식적으로 22명이 사망했고, 전 세계적으로 이탈리아산 와인의 이미지에 실로 엄청난 타격을 주었다.

농장들이 지역의 특성을 활용하고 다양성을 인정하지 않고는, 식량주권도 없고, 미래도 없다.

생물다양성과 독자성

생물다양성과 독자성은 서로 밀접하게 연결되어 있다. 생물다양성은 주변 환경에 적응해가며 진화의 과정을 거치고 공동체가 자연 자원을 이용할 수 있도록 해준다. 지역 특성들에 따라 농사짓는 방법과 수확도 달라지고, 요리법이나 음식과 관계된 의식도 더불어 독특하게 발전한다. 그래서 그 민족의 독자적인 문화가 형성되는 것이다. 우리는 앞에서 독자성은 서로 다른 습관과 생활방식에 의해 확립된다는 사실을 알게 되었다. 교류 없이는 또한 차이점 없이는 독자성은 존재할 수 없다.

독자성은 언제나 다르기 때문에 생긴다. 우리는 다른 사람들과의 관계 속에서 우리 자신을 규정한다. 혼자라면 독자성도 없다. 이런 이유로 우리와 다른 사람들, 외국인이나 이방인들을 두려워해서는 안 된다. 그들의 다양성 없이는 우리의 정체성은 위험에 처하게 될 것이기 때문이다.

이와 똑같은 일이 자연에도 일어난다. 우리에게 다름의 가치와 다양성의 풍요로움을 가르쳐주는 것도 바로 자연이다. 생물다양성도 마찬가지다. 종의 다양성과 이종, 개량종, 이종교배 없이는 자연은 질병이나 갑작스런 환경 변화에 대처할 수 없어서 위험에 빠지게 될 것이다.

이에 대한 몇 가지 사례를 살펴보자. 1970년 미국의 현대 농업은 매우 심각한 문제에 봉착했다. 상업용 하이브리드 옥수수를 재배하던 미국 남부의 대규모 재배단지가 '옥수수 깨씨무늬병 Helmintosporium maydis'이라는 병충해로 큰 피해를 입은 것이다. 다행히 아프리카의 야생 옥수수종에서 이 병충해를 이겨낼 수 있는 유전자가 발견되었다. 결국 가난한 아프리카 야생품종의 병충해 저항 유전자가 초현대적인 미국의 산업형 농업을 구해낸 것이다.[9]

또 다른 사례는 상트페테르부르크에 위치한 바빌로프 연구소 Vavilov Institute의 공적이다. 이 연구소는 세계에서 세 번째로 큰 생식질은행germplasm bank[10]으로, 200년 넘게 러시아 전역에 분포하는 다양한 식물종들을 수집해왔다. 이 연구소가 유명해진 것은 제 2차 세계대전 당시 레닌그라드였던 상트페테르부르크가 독일군에게 포위당했을 때 있었던 감명 깊은 일화 때문이다. 그 당시 이 연구소의 과학자들은 연구소에 보관된 귀중한 곡물과 감자 종자들을 먹지 않고 굶어죽는 길을 선택을 했다. 바빌로프 연구소는 1985년 에티오피아와 2000년 그루지야에, 각 나라에서 사라진 식물종자를 공급해서 두 나라의 심각한 기아 문제를 해결하는 데 도움을 주었다.

....

9 『미식예찬』 장 알텔므 브리야 사바랭 지음, 홍서연 옮김, 르네상스, 2004
10 생식질이란 생물의 유전과 생식에 관여하는 생물체의 요소로, 생식세포에 포함되어 연속성을 가지며 개체발생과 수정을 통해 다음 세대로 전달된다.

생물다양성을 보호하는 것이 자연 시스템을 제대로 지키는 데 필요한 것과 마찬가지로, '인간 시스템'도 생물학적, 지적, 문화적, 사회적, 경제적 자원들을 다양성에서 찾아야 한다. 만일 다양성을 잃어버리면 자연 시스템만큼이나 복잡한 인간 시스템도 점점 약화되어 결국 절멸하고 말 것이다.

만약 우리가 똑같은 습관을 갖고, 똑같은 방식으로 생산하고 의사소통하고 공부하고 경작하고 먹고 교류하게 된다면 우리의 운명은 별반 다르지 않을 것이다. 우리 인간이 다른 모든 생명체들과 똑같이 지구에 살아갈 권리를 가진 자연의 한 구성요소라는 것은 그냥 나온 얘기가 아니다. 하지만 우리는 인간도 지구상에 있는 다른 생명체들과 똑같은 기능을 한다는 사실을 자주 망각한다. 과학기술이 모든 문제를 해결할 수 있다고 믿는 것은 위험하다. 때때로 우리는 우리가 아직 완전히 이해하지 못하는 그 무엇, 우리 손안에 넣을 수 없지만 인간이 만들어낸 그 어떤 발명품보다 더 잘 작동하는 그 무엇에 주의를 돌릴 필요가 있다. 물론 여기서 '무엇'은 대자연을 가리킨다. 자연은 우리에게 다양성은 가장 중요한 생명력이며 따라서 반드시 보존되어야 한다는 사실을 가르쳐 준다.

이를 위해서는 생물의 다양성과 지역의 독자성을 지켜서 지구 전체, 다양성의 한 부분으로 성장시키는 것이다. 우리 개개인은 다양성을 구성하는 한 부분이며, 이는 곧 다른 사람들과의 관계 속에서만이 각자의 기능을 발휘한다는 의미다. 다양성과 지역 독자성 없이는 식량주권도 실현될 수 없다.

✻ 자발적 교역

세계 시장이 식품 가격을 결정하게 되면, 농부들은 더 이상 자유롭게 생산하고 거래하기 어려워진다. 서구 세계 전체를 장악하고 있는 대형 유통업체들은 판매될 상품의 질뿐만 아니라 가격까지 결정한다. 농부들의 입장에서 언제나 부당한 조건으로 말이다.

식량주권은 제3자인 유통 담당자에게 줄 수수료 부담 없이 판매자가 자신의 상황에 맞게 가격을 정할 자율권을 준다. 바로 이러한 이유 때문에 거래는 공동체 내에서나 공동체들 사이에서 이루어지도록 해야 하고, 또한 가능한 중계상인들의 개입을 배제한 직거래 방식이 되어야 한다.

판매 계획은 위에서 지시가 내려오는 형태가 아니라, 생산자와 공동생산자인 공동체 내 소비자들 상호간에 이익이 되며, 물물교환에서부터 은행 거래에 이르기까지 지역 공동체가 추구하는 기준에 따른 자유로운 합의 과정을 거친 결과로서 공정하고 지속가능한 것이어야 한다. 모든 판매 기회는 반드시 물건의 장점을 바탕으로 이해 당사자들의 평가가 먼저 있어야 한다. 그 어떤 국제기구도 나라나 공동체에 지역 이익을 해치는 투자를 하거나 국가 간의 교역을 강요해서는 안 된다.

중간 상인들이 수행하는 무역이나 상업이 완전히 악의적이라고 볼 수는 없지만, 공정거래가 이루어지지 않는 세계에서는 자기 이익 추구를 하지 않는 상인을 찾아보기 힘들다. 장 앙텔름 브리야 사바랭에 따르면 상업은 "소비를 위해서는 최대한 좋은 가격에 구입하고, 판매를 위해서는 최대한 이익을 내는 방식으로 판매하는 것"이다.[11] 이런 의미에서 보자면, 상인들이 인도주의나 연대의식 없이 상업 활동을 하는 것이 어쩌면 당연하고 옳은 일인지도 모른다. 하지만 브리야 사바랭은 상업이 식문화의 한 부분이라고도 역설한 바, 이는 새로운 식문화에서는 판매를 하더라도 윤리적인 면이 부족하면 안 된다거나, 적어도 지속가능한 방식으로 공동체의 이익을 추구해야 한다는 사실을 암시한다고 볼 수 있다. '정직한 상인들의 세계 회사'와 같은 기구를 설립한다면 얼마나 멋진 일이겠는가. 그들이 거둔 이익 중 일부를 공동체 프로젝트에 기부한다면, 그 덕분에 식량주권이 실현되고 지역경제가 움직이기 시작한다면 말이다. 스스로가 그 공동체의 일원이라고 느끼는 지역 상인들은 당연히 자신이 살고 있는 지역과 사회적 관계망, 그 지역의 정체성에 더 큰 애정을 갖기 마련이다. 그와 달리 다국적 기업들은 이러한 부분에는 전혀 관심이 없으며, 그들이 판매를 하는 지역에 살지도 않는다. 앞서 지속가능성을 논할 때도 언급한 바와 같이 지속불가능하고, 불공정하며 지역 주민들의 식량주권을 약화시키는 무역에 맞서 싸울 수 있는 국제기구가 필요한 시점이다.

이러한 관점에서, 가난한 나라보다 부자 나라에 더 호의적인 다자간 협정 주도자가 다름 아닌 세계무역기구WTO와 같은 국제기

....

11 J. Esquinas Alcázar, 「Protecting Crop Genetic Diversity for Food Security : Political, Ethical and Technical Challenges」

구라는 사실은 우리의 간담을 서늘케 한다. 그와 같은 협정들은 불법이라고 선언되어야 하고 인권을 침해하는 조치로 간주되어야 한다.

� 종자의 특허, 독점, 사유화

식량주권은 그 지역에서 나는 자연 자원을 사용하고 그 지역의 조건에 맞은 농법과 기술을 사용할 자유이다.

생명공학을 연구하는 단체나 연구자금을 댄 기업들이 생물 특허권을 갖고 그로 인해 독점권을 확보하도록 허용하는 것은 식량 주권의 원칙과 양립할 수 없다. 이러한 관행을 허용하는 국내 및 국제법 들은 모든 생명체의 존엄성과 신성성에 대한 모독이며, 생물다양성과, 전 세계 토착 인구와 농부들의 정당한 유산에 대한 침해 행위이다. 이 모든 것은 인간을 포함한 모든 살아있는 생명체에 적용되어야 할 원칙들이다.

생명 특허권은 기계주의와 산업주의가 낳은 부정적 유산이요, 자연을 여느 기계처럼 우리 마음대로 할 수 있다는 잘못된 믿음의 산물이다. 만약 내가 자연에서 무언가를 발견했다 하더라도 그것은 내 것이 될 수 없다. 나는 단지 그것을 발견하고 그것의 작용 원리를 알아냈을 뿐이지 발명한 것이 아니기 때문이다. 이런 윤리적인 이유는 차치하고라도, 생명체에 대한 특허권은 자유로운 청정 농업과는 전혀 맞지 않는 논리이다. 생명체에 대한 특허는, 특히 라틴아메리카에서 많이 발생하는 법적 분쟁에서도 볼 수 있듯이, 토착 공동체로부터 약용 식물의 유효성분을 사용할 기회를 빼앗는 악의적인 제도이거니와, 무엇보다 심각한 문제는 종자를 독점화하고 사유화한 종자를 전 세계적으로 퍼뜨린다는 점이다.

최근 몇 십 년 동안 종자는 농식품 산업이 인류에게 자행해온 가장 큰 약탈 행위의 중심에 서 있었다. 그전까지는 몇 배, 아니 몇 십 배나 번식할 수 있는 능력으로 인해 종자는 자본주의 시장 법칙에 저항해 왔다. 종자는 늘 생산의 수단이자 생산품 그 자체였다. 종자 개량을 위한 연구와 기술 개발은 지역 공동체들의 몫으로, 그들은 수세기에 걸친 교환과 공유와 실제 재배 경험을 통해 적응력이 가장 뛰어난 종자를 다양하게 선택해왔다. 그러다가 연구 규모가 점점 커지고, 보다 과학적 접근 방법이 개발됨에 따라, 이 분야의 연구 활동이 공공기관의 특권이자 정부의 책임이 되었다. 그러나 1920년대부터 엄청난 규모의 민간 자본이 특히 옥수수 이종교배 분야에 투자되었고, 이는 또 성과물을 상업적으로 이용하기 위한 특허 출원으로 이어졌다. 1980년대에 들어와서는 유전공학의 발달로 인해 특허 받은 종자의 사용이 보다 보편화되었고, 기술적 일탈 행위를 낳기도 했다. 그 중 하나가 '터미네이터 Terminator'라고 하는 불임성 종자로서, 이는 농부들이 종자를 보관하여 이듬해에 재사용하는 관행을 막았다. 매 파종시마다 시장에서 종자를 구매해, 단 한 세대만 수확하도록 만든 것이다.

유전자변형 농산물, 즉 GMO Genetically Modified Organisms도 이

러한 상업 시스템의 산물이다. GMO는 특허권을 획득한 식품이며, 따라서 그것을 개발한 사람의 자산이다. 이는 식량주권의 원칙과 결코 양립할 수 없는 주장이다. 종자는 늘 공용 자원이며 공유 재산으로 인식되어 왔다. 그런데 그것을 하나의 상품으로 둔갑시키는 것은 농업과 종자 자체가 가진 특성을 근본적으로 바꾸는 행위다. 이로써 농부들은 자급자족과 생계 수단을 강탈당하고, 과학 기술은 빈곤과 낙후성의 직접적인 원인이 된다. 세계의 식량주권을 쟁취하기 위해서는 종자들을 특허 제도에서 해방시키고 연구 개발에 농부들을 참여시킬 필요가 있다. 또한 그 연구 개발은 공공 단체에서 출자한 자금으로 음식공동체에서 해야 한다.

GMO는 농업을 지배하기 위해 민간 부분에서 가장 최근에 발명한 가장 비열한 기술이다. 특정 반응이나 부작용은 장기간에 걸쳐 측정되는 것이므로, 아직은 GMO가 인간의 건강이나 다양성에 미치는 영향에 대해 평가할 단계는 아니다. 하지만 이 기술이 단일 재배와, 우리에게 먹을거리를 제공하는 종자에 대한 권리를 갖고, 농산업의 종자 생산을 위해 만들어진 것인 이상, 거부되어 마땅한 기술인 것은 틀림없다.

농업식품 시장을 정복하여 몇몇 소수에게만 그 지배력을 집중시키기 위해 개발된 기술은 GMO만이 아니다. DDT에서부터 합성 비료에 이르기까지 모두 그러하다. 수많은 전략과 혁신 기술들 대부분이 완전히 지속불가능하고 심지어 인간과 생태계에 유해하다는 사실이 입증되고 있다.

따라서 식량주권을 확보하기 위해서는 사전 예방 원칙을 적용할 필요가 있다. 식품생산의 신기술은 안전, 영양, 건강, 그리고 지속가능성에 대한 지역의 기준에 부합한다는 것을 증명하지 못하면 절대로 허가되어서는 안 된다.

🌿 실존적 주권

식량주권의 원칙이 단순히 정치적 주장이나 국제기관에 제안할 세계 식량 정책 정도로 오해되면 안 된다. 물론 정치적 주장의 측면도 있고 특설 국제기관을 하나 세워야 한다는 얘기도 일부에서 나오고는 있지만 말이다. 그렇다고 토착 공동체나 자신들이 원하는 농작물을 자율적으로 재배하고 먹을 자유가 위기에 처해 있는 이른바 '후진적'이라고 간주되는 공동체들을 대신하는 이상적인 주장은 더더욱 아니다.

오늘날 식량주권은 전 세계 모든 사람들과 관련이 있다. 지구에 사는 모든 거주민들이 식품을 살 때 이러한 주권을 행사할 수 있어야 한다. 그들이 물건을 어디에서 누구한테서 살지를 스스로 선택하고, 앞에서 언급된 모든 기준에 부합하는 식료품을 살 권리를 가져야 한다. 하나의 먹을거리가 우리 식탁에 오르기까지 그 모든 과정을 결정하는 법규들은 이러한 기준들을 준수해야 한다.

하지만 우리가 살고 있는 공동체의 독자성을 존중하고, 우리 자신을 포함하여 식량 생산을 위해 일해 온 모든 사람들을 만족시키는 지속가능한 먹을거리를 살 수 있다는 것만으로 우리가 진정으로 자유로운 것은 아니다. 식량주권은 보다 광범위한 영역에서의 안전을 담보해야 한다. 먹을거리는 인간 실존의 다양한 영역들을 포함하므로, 지금까지 제대로 인정받지 못해왔던 식량주권의 개념이 중심적인 역할을 해야 하고, 이렇게 함으로써 우리는 우리가 누구인지를, 그리고 우리가 지구에서 행복하고 품위 있게 살기 위해서 할 수 있는 일을 우리 스스로 알아내고 결정할 수 있어야 할 것이다.

지식체계의 주권

한 공동체의 독자성은 대체로 구성원 개개인이 먹을거리를 선택하는 방식에 근거를 두고 있다. 우리는 앞에서 음식공동체 시스템이 생물다양성과, 공동체가 적응해왔던 장소의 특징들과 매우 밀접한 관계가 있음을 논한 바 있다. 이는 단지 농촌과 농업공동체뿐 아니라 어느 공동체에나 다 적용될 것이다. 음식공동체 시스템은 아주 복잡하며 그 많은 구성 요소들 중에 단 하나만 빠져도 돌이킬 수 없는 피해를 입을 수 있다. 이는 그 시스템이 변화할 수 없다는 뜻이 아니라, 외부 요소의 도입이 공동체의 기반을 약화시킬 수 있고, 이렇게 하여 진화의 과정을 중단시킬 수 있다는 의미이다. 따라서 이 시스템은 변경할 수 없는 것이 아니라 오히려 지속가능한 방식으로 발전할 수 있다는 것이다.

자연에 의해 통합된 시스템의 기능, 식량 생산 활동, 음식을 준비하고 먹는 방식, 사회생활, 그리고 풍경 등을 보장하는 것은 공동체가 그들의 영토에서 살아온 기간 동안 형성해온 지식체知識體를 보존하는 것이다. 이러한 지식체는 조상들의 오래된 지식뿐만 아니라, 인터넷을 통해 제철 음식을 유통하는 대안적 직거래 방식과 같은 현대적이고 심지어 포스트모던적인 지식까지 포함한다. 하지만 오늘날에 이르러 이러한 시스템의 균형이 깨질 위험에 처해 있다. 많은 공동체들은 일률적 표준화의 압력과 낭비, 일회용품이 만들어낸 거짓 편리성, 그리고 억제할 수 없지만 결코 충족되지 못하는 욕구 등으로부터 스스로를 방어할 수단이 부족하다.

따라서 이러한 귀중한 지식 저장고를 보전하는 것은 음식공동체뿐 아니라 모든 나라의 토착 주민들의 권리인 동시에 의무이다. 이러한 지식은 생물다양성, 지역의 풍부한 식문화 유산, 공유재산을 지키고 보존하는 데 도움을 주기 때문에, 각 공동체의 구성원들은 외부의 간섭 없이 접근할 수 있어야 한다.

공동체 내에 공유된 유산은, 공동체의 전통을 파괴하고 수출 가능한 공동체의 주요 자원을 약탈하면서 전 인구를 유럽 중심주의의 협소한 문화 전망 속에 종속시키는 신 식민지화에 대한 자기 비판의식을 갖게 한다. 오늘날 산업형 농업이 휘두르는 횡포는 비록 강도의 차이는 있지만 세계 여러 곳에서 똑같이 나타나고 있다. 산업형 농업이 겉으로 잘 드러나지 않는 수단을 사용한다고 해서 용인할 수 있다는 것은 아니다.

테라 마드레와 같은 공동체의 지식을 보호하는 것은, 이미 지속가능한 농업을 실천하는 곳에서는 계속 이 방식을 유지시키고, 이 방식이 사라진 곳에는 다시 회복시키기 위해 반드시 필요한 일이다. 그 어떤 세계무역협정이나 지적 소유권도 지역 공동체로 하여금 어떠한 의무를 따르도록 요구하거나 기대할 수 없다. 그 어떤 경우에서든 농부들이나 지역 공동체들이 토착 종자, 고유의 기술이나 기법, 고유의 리듬, 그리고 집단 지식이나 혁신기술을 보유하고 후대에 전달할 수 있는 권리를 세계무역 규정이나 다국적 기업들이 침해하도록 허용해서는 안 된다. 생물자원 수탈[12]행위는 그 어떤 형태라도 매우 엄중한 제재조치가 가해져야만 한다.

오래된 것이든 현대적인 것이든 지역의 지식을 보존함으로써만 이 공동체들 자신만의 실존에 관한 주권을 가질 수 있고, 자신들의 방식을 자율적으로 사용하여 연구 및 개발을 위한 목표를 설정할 수 있다.

경제주권

식량주권에서 유래된 또 다른 주권이 바로 경제주권이다. 이는 공동체에서부터 국가 차원에 이르기까지 어떤 경제활동을 할 것이며, 거래와 판매와 유통을 위해 어떤 상업 방식과 기술을 사용할 것인지를 자주적으로 결정하는 권리이다.

2008년 말 전 세계를 강타하고 전 분야에 걸쳐 엄청난 후유증

....

12 생물자원 수탈 biopiracy, 선진국의 식품·의약 기업들이 개도국의 생물학적 자원이나 지식을 무단으로 이용하거나, 돈이 될 만한 것은 특허를 내어 자기 것으로 만들어 버리는 행위

을 가져온 금융위기는 금융에 대한 맹목적이고 추측에 근거한 접근 방식의 진면목을 보여 주었다. 이러한 접근 방식은 돈을 손으로 만질 수 없는 가상적이고 무형적인 것으로 만들었고, 여기에 '속도'라는 특징까지 더하여, 이제 국제 금융시장을 지지하는 사람들에게조차 유동적이고 포착하기 힘든 것이 되어 버렸다.

우디 타쉬Woody Tasch는 『슬로머니Slow Money』라는 책에서, 책 제목과 동일한 명칭의 지속가능한 투자전략을 소개하면서 돈의 구체성을 다시금 회복시킬 필요가 있음을 효과적이고 설득력 있게 설명했다. 우디 타쉬는 "우리는 돈을 땅에 되돌려주어야 한다."라고 역설한다.[13] 그는 여기서 땅과 지속가능한 투자, 특히 농업투자를 명확하게 언급할 뿐만 아니라, 간접적으로 공동체에 대해서도 언급하고 있다. 다시 말해서, 투자의 혜택과 투자를 통해 얻은 수익은 공동체의 혜택이 되어야 하고 공동체의 구성원들 사이에 머물러야 한다는 것이다.

공동체 구성원들이 금융 거래로부터 실질적인 이익을 얻을 수 있게 하는 것은 매우 중요하다. 그리고 무엇보다도, 공동체 구성원들이 자연에 순응하면서 창출한 자신들의 부를 갈취하거나 없애버리기 위해 다른 경제 모델을 '제안'하거나 우격다짐으로 시행하려는 외부 세력의 간섭 없이, 그들 스스로 부를 관리하고 운용할 수 있는 경제주권을 가져야한다.

공동체 경제가 세계화의 큰 그림에 직접적으로 포함되지 않는다

....

13 『슬로머니』, 우디 타쉬 지음, 이종훈 옮김, 서해문집, 2010

고 해서 주변적이라거나 '틈새'라고 폄하되어서는 안 된다. 이러한 형태의 경제는 세계화된 경제와 달리, 부가 공유될 수 있고 경제적 가치가 지역의 이익으로 흡수됨을 보장한다. 이러한 경제가 자유 시장 경제 구조 속에서 기능을 발휘하지 못하고 투자자들이 이윤을 창출하지 못한다는 이유만으로 효과적이지 않다고 규정할 수 없다. 그 반대로 '불량 금융'의 논리와 전혀 무관하기 때문에 이러한 경제는 현재 우리가 보고 있는 금융 재앙에 대한 실질적인 대안을 제시할 잠재력을 가지고 있다.

새로운 권리와 참여 민주주의

공동체와 개인의 권리에 대한 큰 그림을 완성하기 위해서는 식량주권과 실존 문제와 더불어 고려해야 할 또 다른 권리들이 있는데, 그것은 동물 권리와 자연의 권리, 즉 강과 바다와 숲과 생물다양성의 권리들이다. 우리가 먹는 음식이 탄생하고 자라는 서식지인 자연은 반드시 존중받아야 하고 생물체가 가져야 할 권리를 똑같이 누려야 한다.

강이 오염되지 않고 물고기가 남획되지 않을 권리, 숲이 울창함을 유지할 권리, 바다가 오염되지 않고 어족자원을 보존할 권리 등은 물론 우리 모두가 누릴 혜택으로 돌아온다. 따라서 이 모든 권리들은 간접적으로나마 인권의 한 부분이 될 수 있다. 이제는 자연을 법에 입각해 지켜낼 수 없는 영역이라는 안일한 생각은 버려야 한다.

만일 아무런 규제도 가하지 않고 내버려 둔다면, 자연을 사유화하고 무제한으로 착취하고 위태롭게 할 수 있다고 생각하는 사람들이 항상 승리하게 될 것이다. 기후 변화와 생태 위기, 그리고 지속불가능한 식료품, 무엇보다 산업으로 생산된 식품들이 군림하고 있는 현실을 고려하면, 자연이 가지는 권리는 반드시 재검토되고 확대되고 재규정되어야 한다. 자연을 존중하지 않는 자는 그 누구든지 혹독한 제재가 가해져야 마땅하다. 이는 지구의 미래와 우리 자신의 미래, 그리고 다음 세대의 미래가 걸린 일이다.

이러한 맥락 안에서, 우리는 우리를 둘러싼 환경과 우리가 살고 있는 지역에 대해 더 큰 책임감을 가져야 한다. 이것이 바로 균형 감각을 회복해야 할 이유이고, 우리가 모든 공공 부문에 적극적으로 참여하여 다시금 우리의 행동과 운명의 주인이 되어야 하는 이유이다. 또한 이것은 진정한 참여 민주주의의 전제 조건이다.

오늘날 우리 사회에서 정치가 갖는 위상은 체내에 들어온 이물질과 다름없다. 정치는 폐쇄적인 상위 계급에 의해 지배당하고, 사람들은 정치의 권위와 '대표성'을 더 이상 인정하지 않는다. 마치 TV가 프로그램을 파는 게 아니라 우리 뇌에 광고를 전달하고, 식품업계가 식품을 판매하는 게 아니라 우리의 자유와 즐거움을 시스템에 잡아먹히도록 조장하는 것과 같이, 정치도 우리를 단지 정치적 목적을 실현하기 위한 도구로 사용할 따름이다. 예전에는 사회에 봉사했던 정치가 이제는 대중을 상대로 사기 치는 투표 브로커로 전락했다. 실존적 주권의 회복은 참여와 규제를 의미한다. 다시 말해서, 우리가 단순히 일회용 유권자가 아니라 다시 능동적인 참여자가 되는 것을 의미한다.

먹을거리의 탈산업화

음식이야말로 인본주의 회복을 위한 열쇠다. 따라서 먹을거리 문제는 부유하든 가난하든 농촌이든 도시든, 또는 생산되는 농산물의 양이나 종류에 상관없이 고민하고 해결해야 하는 범인류적 과제다.

사람이 음식에 의해 먹히는 상황을 조장해 온 사람들은, 현재의 시스템을 산업화가 우리에게 남은 유일한 가능성이자 가치 있는 유일한 길이라 믿고 계속 고수해 나가고자 할 것이다. 정도의 차이는 있겠지만 우리 모두는 생산과 소비 활동을 통해 무의식적으로 이러한 비인간적이고 지속불가능한 시스템이 존속될 수 있도록 도와 왔다. 하지만 이제 새로운 르네상스, 즉 우리가 앞에서 살펴본 관점에서 출발한 새로운 인본주의를 위한 시대가 도래했으니, 우리는 복잡한 문제들의 해결할 방법을 찾아 낼 수 있을 것이다.

우리의 목표는 비단 벼랑 끝을 향해 폭주하는 기차와 같은 현 시스템을 바로잡는 것만이 아니다. 무엇보다 절실한 것은 현재 인간이 먹을거리와 맺고 있는, 혹은 그렇게 하도록 강요된 관계를 역전시키는 일이다. 이는 분명 매우 복잡한 일이긴 하지만 그렇다고 두려워할 필요는 없다.

다음 장에서는 이를 위해 우리가 어떠한 절차를 밟아야 하는지에 대해 살펴볼 것이다. 그리고 먹을거리 세계를 매우 개방적이고 도 유연하게 개혁하기 위한 하나의 모델을 먼저 살펴볼 터인데, 이 는 탈산업화에 근거한 신산업혁명을 약속하는 모델이다.

먹을거리 세계를 탈산업화한다는 것은 시스템의 생산성이나 능률성을 낮추자는 의미가 아니다. 이는 시스템의 자연적 특성을 회복시켜서, 우리 인간이 스스로의 역량을 십분 발휘하여 땅에서 키운 작물을 진정으로 즐길 수 있게 하자는 것이다. 먹을거리의 탈산업화는 농산물을 재배하고, 키우는 사람들, 책임감 있게 음식을 먹는 사람들에게 식량주권을 되돌려주자는 뜻이다. 먹을거리의 탈산업화는 세계 식량체계에 대한 전쟁이 아니라 그 반대로 대안을 구축하자는 것이다. 이는 명령 하달 방식이 아니다. 음식공동체에 주도권을 넘겨주고 모든 가능한 방법을 통해 그들을 지지하고 도와주는 것이다. 이것은 음식은 다시금 '좋고, 깨끗하고, 공정한' 상태가 되고, 우리 인간은 다시 자신의 인생의 주권자가 될 수 있는 지역 네트워크 시스템을 공동체 기반으로 구축하기 위한 첫 걸음이 될 것이다.

6장

지역경제,
자연경제

새로운 미식법의 궁극적 목적은 우리가 다시금 삶의 기쁨을 누리고 진정한 삶의 의미를 느낄 수 있도록 우리를 둘러싼 환경과 조화를 이뤄 살도록 하는 것이다. 우리의 감각들은 그 의미를 찾는 열쇠다. 다시 말해서 우리는 우리를 둘러싼 현실을 이해하고, 즐기고, 선택하고, 우리의 이웃들을 돕기 위해 우리 감각들을 사용해야 한다.

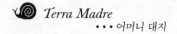

•••　　　　　탈산업화를 이룩하고 세계 식량체계를 되살리기
위해 우리가 해야 할 일은 음식공동체에 주도권을 넘겨주는 것이
다. 그들이야말로 우리와 땅의 관계가 다시 균형을 이루게 할 수
있다. 또한 상부에서 하달된 방식은 부정적인 반응만 유발할 것이
기 때문이다.

　음식공동체가 각자 개별적으로 무엇을 해낼 수 있을지를 고려
하는 풀뿌리 대안방식은 경제적이고 생태학적인 기준에 부합한다.
이는 그 공동체들이 그들의 활동에 생태 원칙들을 적용하고 독창
적인 경제 모델을 따르면서 지속가능하게 생산하고 소비하기 때문
이다. 음식공동체들이 '우리 공동의 집'인 지구를 꾸려나가는 방식
은 우리의 과거와 농업의 역사와 지구 진화에 기반을 둔 것이지만,

미래지향적이기에 아직은 완전한 파악이 불가능하다.

음식공동체에 의해 실행되는 지역경제는 경제철학에 새로운 변수다. 그 변수들은 정량화하기는 힘들지만 우리가 구매하거나 판매할 수 없는, 세상에서 가장 귀한 것. 바로 '삶의 기쁨'과 관련이 있기에 필수적인 것이라 하겠다.

🌿 가정 경제

경제학economy과 생태학ecology은 동일한 어원을 가지고 있다. 'economy'는 'oikos'와 'nomos'에서 나왔고, 'ecology'는 'oikos' 와 'logos'에서 유래되었다. 이 말들은 모두 고대 그리스어로서, 'oikos'는 '가정', 'nomos'는 '행동 규칙'이라는 뜻이며, 'logos'는 '이성적 사고'를 뜻한다. 이 두 단어가 유사한 어원을 가지는 것은, 이성적 사고가 과학 지식을 낳고, 과학 지식은 실생활에서 행동 규칙을 이끌기 때문이다. 그렇기 때문에 행동 규칙에 가정을 더한 단어인 경제학은 생태학이라는 이성적 사고에서 유래한, 우리 가정을 조정하고 돌보는 규칙이어야 마땅하다. 따라서 경제학은 우리가 가정을 운영하는 방법을 일컬으며, 포괄적인 관점에서 생각해 봤을 때 사실 가정은 지구에 다름 아니다. 만일 경제의 규준이 지속가능한 것이 아니라면 가정은 잘 굴러가지 않을 것이다. 이것은 우리가 경제를 자연과 상관 없이 스스로 굴러가는 닫힌 체계라고 생각하면서 일어난 상황이었다. 이는 마치 담이나 가구, 창문도 없이, 다시 말해서 가정이 아닌 '집'에서 살아가는 것과 같다. 어떻게 우리는 몇 세기 동안이나 이러한 허점투성이의 규준으로 하여금 우리의 삶을 이끌게 했단 말인가? 경제를 다시 생각하고, 경제를 이끄는 규준을 우리의 공동의 집인 지구에 기초한 규준으로 반드시 바꾸어야 한다.

　루마니아 출신 수학자이자 경제학자인 니콜라스 조제스큐-뢰겐Nicholas Georgescu-Roegen의 이론은 현재의 경제체제가 가정을 건사하지 못하는 이유를 잘 설명해준다. 그는 열역학 법칙을 경제학에 적용한 인물인데, 그의 이론은 경제 체제가 어떻게 자연을 간과하고, 더 나아가 자연에 손해를 끼치고, 자연을 파괴하는지에 대해 명확히 설명하고 있다. 또한 그는 인간들이 물질이나 에너지를 생산할 능력이 없는 상황에서 어떻게 유체물을 생산할 수 있는지에 대해 의문을 던진다. 만약 경제를 순수한 물리적 과정으로 본다면, 거시적 관점에서 봤을 때 이 과정은 물질과 에너지가 물질계의 나머지 것들과의 교류가 이루어지는 범위에 한하는 불완전한 것으로 이해해야 한다고 한다. 이 과정은 물질과 에너지를 생산하는 과정이 아니라, 단지 계속해서 그것들을 흡수하거나 배출하는 과정일 뿐이다. 하지만 경제는 순수한 물리적 과정이 아니다. 조제스큐-뢰겐과 같은 이단적 경제학자들은, 경제란 한쪽 끝에서는 천연자원이 투입되고 다른 쪽 끝에서는 쓰레기가 배출되는 과정으로 보았다. 조제스큐-뢰겐에 따르면, 경제 과정을 열역학적 관점에 보자면 물질에너지가 저低엔트로피 상태로 들어가서, 고高엔트로피 상태로 배출되는 과정이라는 것이다. 엔트로피 개념은 설명하기 복잡하지만 간단히 말하자면, 엔트로피는 '묶여 있는' 상태의 에너지, 즉 우리가 더 이상 사용할 수 없는 에너지를 말한다. 경제 과정의 시작 단계에서는 '사용 가능한' 자유 에너지를 많이 보유하지만 마지막 단계에 가서는 '묶여 있는' 에너지를 생산한다. 그렇기에 인간은 인생을 사는 동안 늙고 쇠퇴하기 때문에 모든 경제적 활동뿐만 아니라 생물학적 활동에서도 적자나 손해를 보는 것이 당연하다고 할지 모르겠다. 그것이 세상 돌아가는 이치이긴 하지만, 그렇다고 그 때문에 우리가 선택한 일을 수행하지 못하는 이유가 될 수 없다. 그럼에도 우리가 깨달아야 하는 사실은 "경제적 프로세스의 진정한 생산물은 폐기물이 아니라 비물질적 흐름immaterial flux, 즉 삶의 기쁨"이라는 것이다.[1] 이러한 전환적 사고는 우리의 시각을 크게 바꿔 준다.

지금까지 필자는 우리가 종종 경제 프로세스에 대해 잘못 이해하고 있다는 점을 설명하기 위해 조르제스큐-뢰겐의 복잡한 이론을 간단하게 요약해 보았다. 무엇보다 우리는 엔트로피와 쓸모없는 에너지, 쓰레기의 생산을 최소화하려고 노력하거나, 자연적 프로세스가 재건되고 제 기능을 발휘하도록 엔트로피를 사용 가능한 에너지로 전환하여야 한다. 그리하여 우리 자신들과 지구가 이러한 에너지의 혜택을 누릴 방법을 모색해야 한다.

이 일을 가능하게 하려면, 우리는 보다 탈중심적이고 보다 관리

....
1 『Energy and Economic Myths』 N. Georgescu-Roegen, New York: Pergamon, 1978

하기 쉬운 시스템을 만들어야 한다. 그리고 이 시스템 내에서 천연 자원의 보존 및 개발과 사회·문화적 측면을 포함한 모든 생산 활동에 전체론적 지향성을 회복한다면, 우리는 진정한 삶의 질을 재발견할 수 있을 것이다.

이러한 점을 염두에 둔다면, '보이지 않는 관계들'을 활성화 하고, 공익뿐만 아니라 개인적인 이익을 위해 협력함으로써 지역경제 시스템을 유지하는 데 필요한 균형을 찾는 일이 가능하다.

모든 공동체는 시골이든 도시 환경이든 그들의 거주지를 돌보는 책임을 맡아야 하며, 무엇보다 '가정'과 직접적인 관계가 있는 '음식'에 관심을 집중해야 한다. 이는 완전한 자급자족이나 세상과의 단절을 의미하는 게 아니라 자각과 책임, 참여를 의미한다. 기회는 누구에게나 열려 있다. 먼저 다양한 지역경제 시스템들을 서로 연결하는 일부터 시작해보자. 유형 및 무형 자산들이 이동하고 전달될 수 있게 내부 네트워크를 구축할 수도 있다. 여기서 자산이란 필요한 곳에서 지속가능한 방식으로 생산된 생산물뿐만 아니라 지식이나 유용한 기술 정보, 더 나아가 '삶의 기쁨'이라는 비물질적이지만 삶에 활력소가 되는 측면들까지 포함된다.

지역경제의 이점

생산

지역생산local production이란 그 지역 토산물, 충분한 시간 동안 그 지역의 기후적·지형적 조건과 토양에 적응한 농산물 재배와 가축 종들의 사육을 토대로, 그 지역과 그곳에 거주하는 사람들과 지속적으로 조화로운 발전을 꾀하는 일이다. 토착종들은 바로 이 오랜 적응 기간 덕분에 다른 종들보다 질병에 강하고, 성장을 위해 화학 비료나 농약, 항생제나 호르몬 같은 외부 물질의 도움이 필요 없다.

지역생산 시스템은 농경문화의 전통과 지식을 지키고 전승하는 데 도움을 준다. 지역 농산물은 전통 농법에 따라 재배하면 더 잘 자란다. 전통 농법은 혁신을 배척하는 것이 아니라, 수세기 동안 내려온 농경방식을 거스르지 않고 사람의 손과 자연과의 협력을 통해 발전한다.

지역생산은 식문화의 전통에도 이득이 되는데, 이는 지역 농산물은 그 지역의 풍습대로 가공했을 때 최고의 결과물이 나오기 때문이다.

지역생산의 또 다른 이점은 영세농민이나 중규모의 생산자들이, 대규모 생산 시스템의 메커니즘에 눌리지 않고 자신들의 노동에 상응하는 수익을 거두며 생활할 수 있게 도와준다는 것이다. 이들 생산자들은 자신들의 농산물을 안전한 직판장을 통해 지역 시장에 유통시키고, 또한 지역의 범위를 벗어나서는 고부가가치를 가진 전통 상품으로 판매하게 된다.

테라 마드레의 한 음식공동체인 도곤Dogon족의 사례가 그 한 예이다. 아프리카 말리Mali에는 팀북투Timbuktu에서 몹티Mopti까지 북에서 남으로 길게 이어져 있는 반디아가라Bandiagarà 절벽이 있는데, 여기서 도곤족은 붉은 사암 암석을 깎아내어 만든 동굴 속에서 살거나 움막을 짓고 살고 있다. 맨 처음 인류학자들이 그들의 문화를 연구하기 시작했을 때, 세상 사람들은 대장장이·농부· 치유자의 부족인 도곤족이 가진 비범한 천문학 지식에 깜짝 놀랐다. 그들은 기술의 도움 없이도 토성의 고리, 목성의 네 개 위성들, 그리고 우리 눈에 보이지 않는 시리우스의 쌍성雙星계까지 알고 있었던 뛰어난 종족이었다. 오늘날 도곤족은 말리 전체에서 최고의 양파 재배자로 유명하다. 그들의 전통 요리는 기장과 콩으로 만든 튀김인 베녜beignet, 기장으로 만든 죽인 토tò, 작은 양파의 일종인 샬롯shallot, 괭이밥으로 만든 패티patty, 바오밥과 양파 가루, 땅콩과 설탕을 으깨서 만든 패티인 아카사acasà, 기장 쿠스쿠스, 기장으로 빚은 술 등 매우 다양하다. 이들 도곤족이 판매를 위해 다량으로 재배하는 유일한 농산물은 바로 '샬롯'이라는 양파다. 하지만 도곤족의 농업 방식에 있어서 가장 흥미로운 점은 재배하는 농작물이 매우 다양하다는 것이다. 그들은 대대로 일구어온 조그마한 밭뙈기에다 망고, 오렌지, 바나나, 시어버터나무 등의 과실수와 쌀, 옥수수, 기장, 아프리카 고대 곡물로 기장의 일종인 포니오fonio, 땅콩, 채소, 콩과 식물인 레귐legume 등을 재배한다. 제한된 공간에서 보존되어온 풍부한 생물다양성은, 꽃과 과실, 나무와 야생식물로 특별한 양념을 만들어내는 그 부족 여성들의 지식과 더불어 도곤족이 가진 가장 소중한 자원이다.

아프리카의 지역 농업은 북반구의 부자 나라인 선진국들에게 유리한 세계 시장의 위협을 받고 있다. 선진국들은 농민들에게 거액의 보조금을 지원하는데, 이러한 보조금 때문에 수입 농산물이 아프리카 현지에서 재배한 농산물보다 가격이 더 싼 경우가 있다. 그 결과 가난한 나라들의 수입 식품 의존도는 점점 더 높아지고 있는 실정이다.

예컨대 세네갈은 쌀 소비량의 95퍼센트를 태국에서 수입하면서도, 이 나라 북부에서 전통적으로 생산되는 쌀은 판로를 찾지 못하고 있는 실정이다. 뿐만 아니라, 쌀 소비는 사실상 토종 곡물, 특히 포니오의 소비를 대체함으로써, 세네갈 사람들의 식단을 완전히 바꾸고 재래품종의 재배가 점차 줄어들었다.

지역 농산물을 생산하는 사람들은 최악의 경우라 할지라도 최소한의 생계 유지와 자신들의 식량주권을 행사할 기회는 언제나 가지게 될 것이다. 그리고 대지는 예고 없이 어떠한 위기가 닥치더라도 이를 해결할 수 있는 충분한 자원을 줄 것이다.

유통

지역경제는 유통 과정에서 중간 상인들의 배제가 가능하다. 도시에서 지역농업을 발전시키고 시골에서 직판 체계를 구축하는 것은 그리 어렵지 않은 일이다.

이에 대한 사례로 직거래 장터와 소비자단체들의 다양한 직거래 방식을 들 수 있는데, 후자는 단체 회원들이 생산자와 직접 거래하거나 인터넷에서 농산물을 주문하면 생산자가 중간 집결지까지 배달하거나 소비자의 집까지 직접 배달하는 방식이다. 이러한 형태의 유통형태가 자리 잡게 된 것은 미국 덕택이라는 점을 인정하지 않을 수 없다. 미국은 패스트푸드를 발명한 나라로 더 유명하지만, 직거래 장터와 공동체 지원농업을 발명한 나라이기도 하다. 발명했다기보다는, 과거 유럽에서 농부와 생산자 사이에 상인들이 끼어들기 전에 흔히 볼 수 있었던 판매 형태를 미국이 재조명했다는 것이 정확한 표현일 것이다. 신선한 제철 농산물의 이용, 농부들의 자긍심과 수익을 동시에 높여 줄 가능성의 재발견, 그리고 도시와 농촌 간의 새로운 관계 정립은 질 낮은 농산물을 제공하는 산업형 농업에 대한 반작용이라 하겠다. 직거래 장터는 미국에서 큰 인기를 누리고 있으며, 다른 지역으로 퍼져 나가고 있다. 현재 직거래 장터는 미국 내에서만 4,600개 이상이 있으며, 심지어 대도시 소비자들도 직거래 장터는 통해 마치 시골에 살고 있는 것처럼 신선한 제철 농산물을 쉽게 이용하고 있다.

슬로푸드는 테라 마드레로부터 영감을 받아서 국제적인 어스 마켓Earth Markets 프로젝트를 발족했으며, 독자적으로 활동하거나 전문협회와 연대하여 활동하는 소비자 단체들을 지속적으로 육성하고 있다.

어스 마켓은 지금까지 이스라엘의 텔아비브, 루마니아의 부쿠레슈티, 레바논의 세 도시인 베이루트, 사이다, 트리폴리 등지에 세워졌다. 이탈리아에서는 토스카나 주 몬테바르치Montevarchi에 있는 메르카탈레 시장에서 첫 시범 사업이 발족되었으며, 그 뒤를 이어 볼로냐, 산 다니엘레 델 프리울리San Daniele del Friuli, 그리고 피사 근처에 있는 산 미니아토San Miniato 등지에서 진행되었다. 이 시장들은 현재 정기적으로 열리고 있으며, 이미 음식공동체의 생산자들이 운영하는 직거래장터가 존재하는 지역을 중심으로 이와 유사한 사업들이 널리 확대되고 있다.

레바논의 어스 마켓 프로젝트는 세 지역에서 진행된다. 먼저 북부 지역에서는 레바논에서 두 번째로 큰 도시인 트리폴리에서 매주 장이 열린다. 이스라엘과의 분쟁으로 큰 피해를 입은 남부 지역은 그 옛날 페니키아 상인들의 도시였던 사이다에서 매주 장이 열리며, 마지막 세 번째 시장이 열리는 곳은 당연히 수도 베이루트다.

트리폴리 시장은 맨 처음 2007년에 엘미나El Mina에서 열렸지만 2008년 8월 26일에 보다 많은 대중들을 위해 트리폴리로 장터를 옮겼다. 이 시장은 매주 목요일에 서며, 여기서 소수의 생산자들이 저장식품과 신선한 과실과 야채, 수공예품 등을 판매한다.

2008년 4월 6일에 처음 개장한 사이다 시장은 그 도시의 해변 산책로에 있는 웅장한 고건물인 칸 엘 프란지Khan El Franj에서 일요일마다 열리고 있다. 시장 가판대에는 신선한 과일과 채소, 레바논의 전통 저장식품인 마우네mouneh, 전통 과자, 화주火酒, 꿀, 올리브오일, 천연비누 등이 판매 된다

베이루트 시장은 2009년 1월 20일에 그 도시의 주도로인 함라Hamr로에서 조금 떨어진 한 골목길에서 처음으로 열렸다. 이 시

장은 매주 화요일에 열리며, 열다섯 명의 생산자들이 달리 판로를 찾지 못하는 영세 생산자들의 협동조합과 함께 농산물을 직접 판매한다.

또 다른 흥미로운 사례는 이스라엘에서 열리는 어스 마켓이다. 이 시장은 2008년에 텔아비브 직거래 장터를 어스 마켓으로 전환하는 과정에서 시작되었으며, 레바논 시장에서처럼 이스라엘 현지 상황에 맞게 초기 계획을 조정하는 과정이 있었다. 이 시장은 2008년 5월 16일에 열렸고, 개조 과정이 다 마무리 된 2009년 2월에 공식적으로 어스 마켓임을 선포했다. 이스라엘 수도의 신 항구에서 금요일마다 열리는 이 시장은 이스라엘에서 열린 최초의 농민장터다. 약 서른 개의 매대에서 판매되는 식품들은 올리브오일, 포도주, 양젖치즈, 맥주, 신선한 과일과 채소에서부터 중동에서 후무스hummus와 케이크를 만들 때 사용하는 참깨 페이스트인 '타히니tahini' 같은 전통 음식에 이르기까지 매우 다양하다. 이 시장은 최근에 재개발된 항구에 위치하고 있는데, 이곳은 식당과 술집들이 있으며 특히 주말에는 매우 붐빈다. 텔아비브는 문화 열기가 가득한 젊음의 도시이다. 사회 각계 각층에서 모여든 손님들이 이 시장에서 질 좋은 농산물을 비교적 저렴한 가격으로 구입할 수 있다. 생산자들도 역시 매우 다양하다. 이스라엘처럼 복잡한 나라에서는 방방곡곡에서 온 다양한 종교를 가진 상인들이 한자리에 모인다는 것은 특히 의미 있는 일이다. 이러한 형태의 활동을 통해 도시와 시골간의 관계가 재형성되는데, 이것은 세계 식량체계를 재정의하고 재조직하는 과정에서 반드시 필요한 부분이다.

지역경제는 이 모든 유통 방식을 위한 핵심적 토대이다. 이러한 유통 방식들은 생산자와 소비자 모두가 더 좋은 가격으로 거래할 수 있는 상호이익을 보장해 줄뿐만 아니라, 생산자와 '공동생산자'가 가까워지고, 만남을 통해 서로가 어디에 살고 있는지를 알 수 있게 해 준다. 만일 우리가 먹는 먹을거리를 생산하는 농부와 친분 관계에 있고 그 농부가 먹을거리를 어떻게 생산하는지를 알고 있다면, 우리는 그 농부의 농사 방식의 질과 건전성을 직접적으로 통제할 수 있고 필요한 경우에는 정보를 요청하고 개선을 요구하거나 항의할 수도 있다. 직접적으로 친분을 쌓는 것은 생산물의 품질을 보장하는 최고의 장치가 될 수 있으며, 때때로 중요한 대인관계로 발전될 수도 있다. 그렇게 되면 농부들은 고립감을 덜 느끼게될 뿐 아니라 자신의 노동이 가지는 사회적 효용에 대해 보다 분명하게 인식하게 될 것이다. 그리고 공동생산자들은 스스로가 생산 과정에 적극적으로 개입하고 있다고 느낄 것이고, 그들이 구입해서 먹는 음식에 대해 더 확신을 가지게 될 것이며, 그들과 그들의 자녀들은 농업과 농촌생활 전반에 대해 더 많이 배우게 될 것이다.

소비, 공동생산

지역경제는 비인간적이고 낭비적이고 충족을 모르는 소비 행위를 능동적인 선택으로 탈바꿈시킬 수 있으며, 이로써 소비자는 공동생산자가 되는 것이다. 농산물 생산지나 생산자들과 물리적 혹은 정서적 근접성을 유지하면, 사람들은 먹을거리가 식탁에 오르기까지의 과정에 참여하고 있다고 느끼게 되고, 정보 순환이 많아지며, 사람들이 지역 농산물의 진가를 알아보고 지역 농산물이 다국적 농식품 기업에서 나온 식품들과 크게 다르다는 것을 인정할 수 있게 된다. 이탈리아 국립 통계연구소 ISTAT Italian National Institute of Statistics의 자료에 따르면, 2008년에 농산물 직거래가 8퍼센트 증가했으며, 공동생산자의 인식이 커지고, 또한 지역 먹을거리를 찾는 행위가 일부 사람들이 주장하는 것처럼 '유치한' 것이 아니라 상식 문제라는 인식이 싹트기 시작했다.

그러나 지역의 맥락을 벗어나면 '공동생산자'가 된다는 것이 쉬운 일이 아니다. 식품산업은 본질적으로 가공방식이나 식품의 원료를 숨기려는 경향이 있기 때문에 생산물과 생산자에 대한 정보를 얻기가 힘들다. 예컨대 식품의 풍미를 더하는 양념이나 향기 제조법은 세계적으로 생산을 독점하고 있는 5대 다국적 기업들에 의해 산업 비밀로 철저히 보호받고 있다.

지역에서 소비는 생산의 맨 마지막 활동으로 간주되어 생산 활동과 분리되지 않는다. 따라서 지역에서의 소비는 무언가를 파괴하는 것이 아니라 나름의 방식으로 무언가를 생성하는 과정이 된다. 또한 음식은 에너지원이므로 에너지를 적절하게 활용하고, 식품 구입처가 가까이에 있다면 한꺼번에 많이 사는 일이 없을 것이므로 쓰레기를 줄이며, 기업에서 생산되는 식품과 달리 사람들이 계절 변화와 토종작물의 특징을 알 수 있게 해준다.

지역경제에서는 소비가 책임 있는 행위가 되며, 자원이 바람직한 방식으로 활용되지 않을 시에는 공동체 구성원들이 이러한 사실을 즉각적으로 알아차리게 된다. 생산자와 공동생산자가 지역경제 안에서 지역을 책임 있게 관리한다면, 그들이 살고 일하는 지역의 온전성이 보장되고 그들은 그에 따른 결실을 누릴 수 있을 것이다.

새로운 미식법 : 행복의 공식

새로운 미식법은 음식이라는 주제를 참살이와 신인본주의의 중심에 위치하게 만든다. 새로운 미식법은 농업에 대한 새로운 접근법에 기초하고 있을 뿐만 아니라, 인간의 영양에 관련된 모든 분야를 아우르는 통합적인 학문이기 때문에 지역 먹을거리의 경제적 맥락과도 분리될 수 없으며, 모든 것과 직간접적으로 연결되어 있다.

새로운 미식법은 지역 주민들로 하여금 자신들의 의지에 따라 공동생산자로 참여하게 하고, 정보를 습득하고 연구하게 하며, 여행을 통해서 음식, 인간, 토지라는 명료하고 통합된 시스템에 접근할 수 있게 한다. 하지만 이 모든 일은 오직 지역경제와 지역 시스템 내에서만 가능하며, 또한 이렇게 함으로써 지역 시스템의 존속이 보장되는 것이다.

새로운 미식법은 삶의 철학이며, 음식을 다시 중심에 세워서 우리와 지구, 그리고 지구의 공동 거주자인 자연과 재결합시키는 구심점 역할을 하게 하는 방법이다. 언젠가 필자는 미식법을 '행복의 공식'이라고 규정한 바 있는데, 이는 음식이 구세대와 신세대를, 과학적 경험과 신성함을, 그리고 이타심과 자기애를 융합시키기 때문이다. 새로운 미식법의 궁극적 목적은 우리가 다시금 삶의 기쁨을 누리고 진정한 삶의 의미를 느낄 수 있도록 우리를 둘러싼 환경과 조화를 이뤄 살도록 하는 것이다. 우리의 감각들은 그 의미를 찾는 열쇠다. 다시 말해서 우리는 우리를 둘러싼 현실을 이해하고, 즐기고, 선택하고, 우리의 이웃들을 돕기 위해 우리 감각들을 사용해야 한다. 의미 느끼기를 멈추는 것은 알고자 하는 행위를 멈추는 것이다.

만약 요리법이나 농업 및 생산 기술을 타인에게 전수하는 것이 신뢰를 바탕으로 한 지식 공유의 실천이 아니라면 이는 매우 위험한 일이다. 이것은 공공의 이익이 아닌 사리사욕만 추구하는 이방인들에게 우리 삶의 일부를 넘겨 주는 것을 의미하기 때문이다. 만일 신뢰관계가 무너지면 우리의 현주소는 어디이며 우리의 역할이 무엇인지를 파악하기가 어려울 뿐만 아니라, 우리의 요구나 관심사와 죽어가는 광대한 지구의 요구나 관심사 사이에 건전하고도 견실한 관계를 유지하기도 어렵다.

우리가 새로운 미식법을 즐길 수 있는 것은 지역에서이며, 우리가 지구에서 우리 존재에 의미를 부여할 수 있는 것도 지역이라는 토대에서만 가능하다. 이러한 토대 없이는 우리 존재와 우리가 하는 일은 그 의미를 상당 부분 잃게 된다. 풍미를 잃으면 지혜도 사라지는 것이다.

지속가능성

지역경제 안에서는 지속가능성도 보장할 수 있다. 중간 상인을 배제시키고 음식 수송 거리를 짧게 하는 유통방식은 이산화탄소 방출과 수송 과정에서 야기되는 공해와 대기오염을 줄일 수 있다.

또한 비료에서부터 살충제, 방부제에 이르기까지 모든 화학제의 투입이 줄어들어서 자연으로 방출되는 유해물질의 양도 적어질 것이다. 화학제를 덜 쓰거나 전혀 쓰지 않는 비집약적 경작은 물 소비량도 적다. 목장을 지역 수요에 맞게 소규모로 운영하면 항생제나 암모니아에 오염된 폐수, 초대형 기업목장에서 나오는 유해성 액체 폐기물을 방출할 일이 없다.

지역의 생물다양성을 보호하면 여러 긍정적인 효과를 볼 수 있는데, 그중 하나가 지역의 경치를 포함한 지역의 심미적·기능적 정체성의 보존이다.

독일 바덴-뷔르템베르크Baden-Württemberg 주 남부에 있는 슈바벤 알프스 산맥Swabian Alb의 서북쪽 끝자락에 있는 알펜트라우프Albtrauf라는 곳이 바로 이러한 경우에 해당한다. 여기서는 오래되고 진귀한 배로 빚어 만든 '샴파냐 브라트비르네Champagner Bratbirne'라는 샴페인을 생산한다. 예로부터 전해져 내려오는 희귀한 품종의 배, 자두, 사과, 체리 등이 풍부하게 생산된다고 하여 유럽에서 가장 큰 '과수원Streubstwiese'으로 불리는 이 지역은 구불구불한 언덕들과 오래된 과실수들이 한데 어울려 환상적인 풍경을 이루고 있다. 슬로푸드 프레시디아에서는 '샴파냐 브라트비르네'로 빚은 이 와인을 보호하는 프로젝트를 진행해오고 있지만, 사실 이 프로젝트의 진짜 목적은 이 지역의 아름다운 경치를 보존하는 일이다.

이와 유사한 사례는 영국에서도 찾을 수 있다. 영국의 세 자치주인 헤리퍼드셔, 우스터셔, 글로스터셔에 있는 슬로푸드 프레시디아는 이 세 지역에서 자라는 배를 발효시켜서 만든 영국 전통주인 배 발효주 페리perry를 홍보하고 있다. 페리를 빚기에 적합한 배를 얻으려면 배나무의 수령이 적어도 수십 년에서 백년 이상은 되어야 한다. 수형이 웅장하면서 가지가 구불구불한 나무들이 가득한 오래된 배나무 과수원들은 영국 시골 풍경의 특징이며, 영국 동식물 연구가들이 매우 독특하다고 평가하는 생태계를 형성하고 있다.

생물다양성은 지역경제에 필수적 요건이며, 바로 이것이 생물다양성이 보호받고 지속가능한 방식으로 활용되도록 해야 하는 이유다.

제철 농산물의 소비는 즐거움인 동시에 교육적 실천이며, 또한 농산물의 효율성을 높이고 자연과 조화를 이루는 행위이다. 농식품업계의 전형적 특징인 각종 화학제의 사용을 줄이면 생태계와 자연 순환에 유익하다.

생산 과정의 효율성은 부분적으로는 생산 과정이 대지에 어느 정도로 부정적 영향을 미쳤는가라는 측면에서 측정된다. 지역경제 내에서는 지역 주민들이 더 큰 통제력을 가지고 환경을 오염시키거나 지속불가능한 방식을 행하는 사람들을 고발할 수 있다. 지속가능성은 지역에 사는 주민이나 지역 농산물을 보존하는 데 관심을 가진 사람들이 통제하도록 해야 한다. 그래야만 지역 농산물이 지역을 빠져나가서 농부도 없고 주민도 살지 않는 먼 곳, 누구에게도 감시받지 않고 무슨 짓이든 할 수 있는 곳으로 집중되는 것을 막을 수 있다.

에너지

지역에너지 시스템은 소비와 생산 모두에 있어 유리하다. 앞에서 살펴본 바와 같이, 지역 식량체계는 '유기적'이며 식량 생산을 위해 태양에너지에 의존하는 경향이 있다. 비료와 농약을 사용하는 생산방식은 엄청난 양의 에너지 소비가 요구되는데, 이때 에너지는 원래 식품 생산 과정에 투입되어야 하는 태양에너지를 대신하는 것이다. 게다가 산업형 농업은 유기농 농업보다 더 많은 물을 소비한다.

지역경제 시스템의 가장 흥미로운 특징은 에너지 생산을 대체에너지나 재생 가능 에너지를 사용하는 개인 사업체 또는 협회에 맡김으로써 에너지 생산의 분산화를 꾀한다는 점이다. 예컨대, 인공폭포나 태양전지판을 설치하여 농장 전체가 필요한 에너지를 충당할 수 있고, 쓰고 남은 에너지가 있으면 다른 사람이 끌어가 사용할 수 있다. 폐기처분될 생산 폐기물과 식물이나 유기물 쓰레기를 에너지로 이용할 수 있게 해주는 바이오매스 전환도 무시해서는 안 된다. 농장에 소형 바이오연료 발전기가 한 대 있으면, 쓰레기 처리나 외부 에너지를 끌어들이는 데 드는 추가 비용 없이 농장에서 필요한 에너지를 모두 충당할 수 있다.

에너지 생산의 분산화는 식량 생산의 분산화만큼이나 중요하다. 지역 자원을 보다 합리적이고도 완전하게 사용할 수 있게 할 뿐만 아니라, 집중화된 대규모 생산과 에너지의 원거리 대량수송에 따르는 쓰레기를 크게 감소시킬 수 있기 때문이다. 만일 식량 생산에 지장을 주지 않고 이로운 조건에서 이루어진다면, 지역 차원에서의 바이오연료 생산도 고려해 볼 만 하다. 식량 생산에 맞지 않는 버려진 땅을 이용하거나 돌려짓기의 일환으로 바이오연료 작물을 키우면 토양을 재생시키는 데에도 도움이 될 수 있다.

바이오연료는 살아있는 유기체나 그것의 배설물, 부산물에서 나온 연료로서, 현재 집중적으로 연구되고 있는 것은 바이오디젤과 에탄올이다. 바이오디젤은 카놀라, 팜, 코코넛, 땅콩, 해바라기와 같은 식물성 기름에서 생산된다. 이 연료는 디젤유를 대체할 수도 있고, 경유와 섞으면 따로 개조하지 않고도 기존의 엔진을 가동시키는 연료로 사용할 수 있다. 바이오디젤은 미생물로 분해되는 완전한 생분해성 연료로서 에너지 밀도는 경유의 90퍼센트 달하며, 연료의 생산량은 작물에 따라 다양하다. 예컨대 팜유는 생산량이 많은 반면 콩기름은 저조하다. 현재 바이오연료의 주요 생산지는 유럽이며, 이는 부분적으로는 유럽 대륙이 2010년까지 바이오디젤 소비의 비중을 5.75퍼센트 수준으로 높인다는 목표를 세운 덕분이기도 하다.

에탄올이나 바이오에탄올은 탄수화물과 당분이 많은 농작물, 예컨대 옥수수, 수수, 밀, 보리 같은 곡물, 사탕수수와 사탕무 같은 당료작물, 과일, 포도 찌꺼기, 감자 등과 같은 작물을 발효시켜서 생산하는 알코올이다. 일반적으로 에탄올은 휘발유와 3대 7의 비율로 섞으면 엔진을 개조할 필요 없이 사용할 수 있다. 에탄올은 목재와 볏짚과 같은 농업 부산물의 바이오매스에서도 추출이 가능하지만 이 경우 생산 비용이 많이 든다. 아직 완전히 개발되지 않은 또 다른 가능성은 수수 속의 풀인 스위치그라스 switchgrass 나, 중국 일본 한반도 전역에서 식용작물 경작에 적합하지 않은 땅에서 자라는 다양한 억새 Miscanthus giganteum 속 식물을 사용하는 것이다. 에탄올의 에너지 밀도는 휘발유의 67퍼센트에 달하며, 세계적인 생산지는 브라질과 미국에 집중되어 있다. 브라질은 에탄올을 사탕수수에서 추출하고, 미국은 옥수수에서 추출한다.

그렇다면 바이오연료는 지속가능할까? 이 질문에 대답하려면 무엇보다 헥타르당 연료 생산량에 따른 에너지 효율성을 비교해볼 필요가 있다. 이와 관련된 자료를 살펴보면, 브라질 사탕수수는 투입된 에너지 1유닛 당 생산된 에너지가 약 8유닛인 반면, 미국 옥수수는 1.5유닛으로 나타났다. 그렇다면 왜 미국은 2004년 한 해에만 3천2백만 톤의 옥수수를 경작하여 34억 갤런의 에탄올을 생산했던 것일까?

여기서 유념해야 할 사실은 생산량만이 바이오연료의 지속가능성을 평가하는 유일한 척도가 아니라는 점이다. 바이오연료를 지지하는 사람들은 식물들이 성장하는 동안 이것이 연료로 사용될 때 대기 속으로 방출하는 양과 동일한 양의 이산화탄소를 흡수하고, 또한 미세먼지의 방출을 65퍼센트까지 줄이기 때문에 바이오 연료가 지속가능하다고 주장한다. 에탄올을 사용하면 80퍼센트 감소가 보장될 것이다. 하지만 이러한 계산법 또한 다른 많은 요인들을 배제시키고 있다. 예컨대 바이오연료의 생산과 정제 작업, 수송 과정에서 발생하는 배기가스의 양도 고려해야 한다. 비료 1kg은 대기 속으로 7 의 이산화탄소를 방출한다.

심지어 일부 과학자들은, 이러한 데이터와 더불어 생산 과정에서 '태워지는' 에탄올 양이 얼마나 많은지를 고려한다면, 실제로 에탄올이 미세먼지 방출을 줄이는 비율은 13퍼센트에 불과하다고 얘기하고 있다.

바이오연료 작물을 재배할 땅을 마련하기 위해 삼림 전체가 파괴되는 일이 종종 벌어진다. 이런 일은 브라질뿐만 아니라 중국과 인도네시아에서도 일어나고 있다. 일부에서는 이산화탄소 순배출량을 최소화하기 위해서는 농작물에서 바이오연료를 생산하기보다 차라리 현존하는 삼림을 유지하고 경작이 가능한 지역에는 식용작물을 기르는 것이 더 낫다고 주장하기도 한다.

결국 높은 생산량과 에너지 효율을 고려했을 때, 브라질의 에탄올 생산만이 유일하게 지속가능한 생산이라고 평가할 수 있겠다. 그렇다면 브라질을 세계의 연료 탱크로 만들어야 할까? 이 새로운 '연료'를 전 세계로 수송하는 것이 지속가능한 일일까? 그리고 그

연료를 생산하기 위해 아마존 열대우림을 파괴해야 옳은 일일까?

문제는 이뿐만이 아니다. 결코 가볍게 넘길 수 없는 다른 문제들이 산재해 있음으로 하여 상황은 날로 악화되고 복잡해지고 있다. 미국 옥수수의 가격은 이른바 '에탄올 러시' 때문에 지난 2년 사이에 거의 200퍼센트가 인상되었다. 같은 시기에 멕시코에서는 옥수수로 만드는 토틸라 가격의 인상에 항의하기 위해 사람들이 거리에 나와 시위를 벌였다. 연료를 생산하기 위해 식량 생산으로부터 공간과 자원을 빼앗는 것을 지속가능한 것이라고 할 수 있을까? 한 사람을 일 년 내내 먹일 수 있는 양의 곡물을 SUV 탱크를 채우는 데 쓴다는 것이 도덕적으로 용인될 수 있는 일일까?

에너지 생산율, 삼림 파괴, 식량안전보장, 정치적 이익, 농업정책, GMO, 산업 로비 등, 이런 모든 요소들을 고려한다면, 세계 차원에서 바이오연료의 지속가능성을 추산하는 일은 흡사 미로 속을 헤매는 것과 같을 것이다.

하지만 앞에 나온 다른 많은 경우와 마찬가지로, 만일 우리가 이 문제를 지역 차원에서 다룬다면 우리의 도전은 승리로 이어질 수 있을 것이다. 이것이야말로 우리가 여전히 상식을 적용할 수 있고, 생산 과정과 소비의 지속가능성을 어느 정도 정확하게 추산할 수 있는 유일한 방법이다. 우리가 연료가 아닌 식량에 우선권을 주고, 경제적 자원—폐기물과 쓰레기를 포함해서—을 가장 효율적으로 활용할 수 있는 것은 오직 지역 차원에서만 가능하다.

재사용, 재활용, 절약

음식공동체는 재사용, 재활용, 절약을 실천한다. 이러한 실천들은 건전한 가정 경제를 위한 세 가지 필수 조건들이다. 이는 우리 공동의 집인 지구의 경제를 건전하게 유지하는 데 있어서도 마찬가지다.

절약과 재사용과 재활용은, 지역 주민들이 보다 쉽고 효과적으로 자신들의 시스템을 통제할 수 있다는 관점에서 본다면 시스템 통제에 관한 문제이다. 하지만 이 셋은 교육과 학습이 필요한 노하우와 신구 기술들을 모두 이용하는 실천적 행위이기도 하다. 그러한 지식과 기술들은 수세기에 걸쳐서 지역의 특성에 맞게 적응하는 과정을 거치면서 형성되어 왔다. '연습은 훌륭한 스승이다'라는 격언처럼, 사람들은 실천을 통해서 에너지 분야뿐 아니라 음식 분야에서도 훌륭한 기술과 방식을 고안해왔다. 앞에서 필자는 식물과 동물의 모든 부분을 사용하는 요리법에 대해 언급한 바 있는데, 이와 똑같은 접근법이 에너지와 공예품의 생산에도 보여진다. 단지 한 집안에서만 사용되는 차원을 넘어서, 많은 세월을 거치면서 한 지역의 상징이 되는 진정한 공예품으로 발전해온 사례—예컨대 소뿔로 만든 칼자루 같은 것—들은 주위에서 많이 찾아볼 수 있다. 지역경제는 지역 주민들이 자신들의 솜씨와 지혜를 갈고 다듬어서 자신들이 가진 자원을 최대한 활용할 수 있도록 용기를 준다. 이 말은 결핍이나 가난이 창조성의 원동력이 되었던 과거로 돌아가자는 것이 아니다. 하지만 우리는 환경에 악영향을 미치는 게 아니라 환경을 보존하면서 생계를 꾸리고 수익을 발생시킬 수 있는 도덕적 프로세스 작동 방법을 과거를 통해서 배울 수 있다.

재사용은 재활용이나 절약과 달리 포스트모던 시대에 있어 가장 적합한 실천 덕목이 아닐까 한다. 요즘은 음악에서부터 영화, 패션, 그리고 문학에 이르기까지 모든 문화 영역에서 '재사용'이 성행하고 있다. 인터넷을 통한 빠르고 효과적인 검색 덕분에 12세기의 대표적인 시도 동기leitmotif[2]가 되고 있는 것이다. 우리는 의식적이든 무의식적이든 개념이나 아이디어와 같은 비물질적인 것들을 재사용한다. 그렇다면 기쁨과 행복의 근원이라 할 수 있는 물질적인 것도 이와 똑같이 재사용하면 안 되는 이유가 무엇이란 말인가?

참여

지역경제는 시스템 내에서 이루어지는 모든 과정에 지역 주민들을 참여시키고 책임을 부여한다. 이는 비단 생산 영역뿐만 아니라 자연 경관과 건축미, 전통과 같은 무형물의 보전에도 적용된다. 여기서 책임은 강제로 부과되는 것이 아니라 시민들이 자발적으로 맡는 것이다. 왜냐하면 그렇게 함으로써만이 지역을 직접 관리할 수 있고, 예컨대 음식 섭취와 같은 지극히 단순한 행위를 통해서

....
2 라이트모티브 : 오페라나 다른 작품들에서 특정 인물·물건·사상과 관련된, 반복되는 곡

도 지역경제에 적극적으로 참여하게 된다는 사실을 지역 주민들이 인식하고 있기 때문이다. 지역경제는 우리가 사는 지역의 장소성과 우리의 정체성과 주체성을 복원시킨다. 바로 이것이 정치나 경제계의 실세들이 지역경제를 마치 역병처럼 두려워하는 이유다. 치즈 종류가 246종이 넘는 나라를 어떻게 다스릴 수 있겠느냐고 한 샤를 드골의 말도 우연히 나온 말이 아니다. 다양성은 위로부터의 통제가 불가능하기에 지배자들이 두려워하는 것이다.

만일 우리가 공동체를 신뢰하고 공동체의 진정한 삶을 위한 행동에 동참한다면, 우리는 다시금 우리 스스로가 삶을 통제할 수 있다는 희망을 가질 수 있다. 이러한 지향점을 가진 공동체에서는 각 구성원들이 그들이 태어나고 살아가는 행운을 누려 왔던 세상에 대해 각자가 맡은 책임을 기꺼이 질 것이기 때문이다.

기억

오래된 물건이나 지식, 혹은 전통을 버리는 데 아무런 거리낌이 없는 사회에서는 그 사회의 독자성을 규정하는 요소들도 역시 아무 거리낌 없이 버려진다. 반면에 지역경제 시스템에서는 기억이 보전되며, 또한 그렇게 될 수밖에 없다. 이는 공동체의 구성원들이 자신들의 기억이나 공동체의 기억 유산이 없어서는 안 되는 것임을 잘 알고 있기 때문이다. 그들은 기억의 보전을 통해 자신들을 돌본다. 예컨대 우리는 오래된 소파처럼 추억이 스며 있는 물건은 함부로 버리기보다 수선해서 간직하고 싶어 한다. 기억은 애정과 관심을 뜻하며, 지역의 기억은 단지 물리적인 장소로만이 아니라 경제·음식·문화적 체계로서의 지역에 대한 애정과 관심을 의미한다.

지역의 기억을 보전하는 것은 공동체의 임무다. 또한 기억을 연구하고 보호할 뿐만 아니라, 농경법과 사회적 관습, 식생활과 그에 따른 모든 향연 의식 등을 후손에게 물려줌으로서 기억을 연장시키는 것도 공동체가 해야 할 일이다.

지역 기억의 보전은 포스트모던 사회에서 구세대와 신세대가 교류하는 탁월한 방식 중 하나다. 연장자들의 이야기, 전통 기술과 관례, 생산 양식, 음식섭취 방법 등을 기록하는 것은 그리 어렵지 않은 일이다. 한 인물의 일대기, 개인의 소소하거나 굵직한 업적 등은 모든 공동체에서 발굴해 낼 수 있는 미시사다. 생존을 위한 투쟁, 근근이 연명하기 위해 생각해 낸 기발한 방법들은 과거를 대변하며, 이러한 과거에 의해서 현재와 우리가 살고 있는 현재의 모습이 형성한 것이다. 이러한 사실을 망각하는 것은 우리의 정체성과, 우리의 삶과 우리가 거주하는 곳이 갖는 의미를 잃어버리는 것과 같다.

이것이 바로 필자가 본보기를 보이고자 '브라와 브라 시민들의 역사 연구소Istituto Storico di Bra e dei braidesi'를 설립하기로 결심했던 이유이다. 나는 지역의 젊은 사학가들을 뽑아서 연구소 운영을 맡겼고, 이후로 연구소를 중심으로 적극적인 후원자와 동조자 그룹이 성장해왔다. 우리는 잡지 발행과 잡지가 발행될 때마다 일반인을 대상으로 프레젠테이션을 개최하는 등의 활동을 통해 우리 지역의 중요한 무형 자산들을 보존하는 노력을 기울여 왔으며, 이러한 활동들은 많은 사람으로부터 큰 관심을 불러 일으켰다. 이 잡지는 마을의 역사와 마을 주민의 인생을 깊이 있게 다루며, 여러 가정에서 보내온 사진들과 문서들도 싣는다. 우리가 하는 방식은 일반 학술기관에서 진행하는 연구와 달리 어떠한 형식에도 얽매이지 않는다. 또한 나이든 사람들, 기사 속 인물들과의 인터뷰를 비디오로 녹화함으로써 우리 시의 역사에 대한 소중한 기록물을 조금씩 구축하고 있다.

테라 마드레 프로그램을 통해 우리는 여러 공동체들에게 지역의 기억 유산을 다루는 협회와 모임을 설립하고 마련하라고 조언한다. 그리하여 지역의 역사가 망각되지 않도록 기록하고, 조상들의 어떻게 살았는지를 이야기하도록 말이다. 많은 공동체들이 우리가 브라에서 진행해오고 있는 프로젝트에 대해 긍정적인 반응을 보이며 관심을 가지고 문의해오고 있다. 몇몇 공동체들은 이미 그들의 지역에서 우리와 유사한 협회가 존재한다는 것을 알아내고 동일한 사업에 착수했다. 우리는 단순히 향수를 불러일으키는 차원을 넘어서 한 노인이 살아온 이야기를 총 2시간 분량의 비디오에 담아내는데, 이렇게 하는 이유는 아무리 사소한 이야기라도 그중 한 대목이 젊은이들에게 큰 깨우침을 줄 수 있고, 번뜩이는 아이디어의 도화선이 될 수도 있기 때문이다. 이렇게 하여 궁극적으로는 젊은이들로 하여금 현실에 새로운 의미를 부여하게 하고, 새로운 자극을 통해 거대한 공동체의 역사에 소속되어 있다는 긍지를 느끼도록 하는 것이 이 프로젝트의 목적이다.

만일 지역 공동체들의 네트워크 차원에서 각 공동체의 기억을 보존한다면, 우리들에게 행복을 가져다줄 수 있는 삶에 관한 다양한 아이디어와 이야기와 기술들의 포괄적인 데이터베이스가 만들어질 것이다. 이러한 데이터베이스는 엄청난 가치를 가질 것이며, 지구촌 획일화와 표준화 사상이 넘어 들어오지 못하게 막는 방파제 구실을 하게 될 것이다.

세대 간 교류

낭비를 일삼고 새로운 것만 좇는 사회에서는 무엇이든 오래된 것은 가치를 잃어버리거나 미련 없이 희생될 수 있다. 이러한 사회에서는 '오래된 것'이 슈퍼마켓에서 유통기한 지난 상품과 같은 취급을 받는다. '오래된 것'은 신상품보다 기능이 떨어진 구닥다리 상품이며, 한참 낙후된 기술이며, 뒷방 늙은이다. 하지만 전통을 지키는 많은 농촌 사회에서는 노인들의 역할이 되새길 가치가 있는 신성한 것으로 평가된다.

오늘날 노인들은 어떤 취급을 받고 있는가? 눈에 띄지 않게 숨겨야 할, 양로원에 가둬 놓아야 할, 전문 간병인의 손에 맡겨야 할 귀찮은 존재로 취급 받고 있지 않은가? 현대 사회가 노인들을 더 이상 지혜로운 세대가 아니라 쇠락하고 쓸모없는 세대로 취급함으로써 세대 간의 의사소통과 교류는 거의 단절되다시피 했다. 과거에는 한 집안의 요리법이 할머니들의 손에 의해 완성되었다. 할머니들은 우리에게 음식을 먹고 즐기는 법과 잊지 못할 요리 비법을 가르쳐 주고, 우리의 입맛을 길들이는 존재였다. 이들보다 더 유능하고 더 나은 스승을 어디서 찾을 수 있겠는가!

바로 이것이, 노인 세대와 청년 세대 간의 관계 형성과 지식 전승의 기회를 만드는 것이 지역경제 시스템의 의무 중 하나라고 필자가 주장하는 이유다. 농촌 인구가 나날이 감소되고 평균 연령마저 날로 높아지고 있는 상황이지만, 안타깝게도 농촌에 남아서 그들의 유산을 이어받겠다는 사람은 아무도 없다. 젊은이들이 농촌으로 돌아와서 식량 생산에 종사하도록 하려면, 과거의 기억과 현대성이 자연스럽고 바람직하게 융합할 수 있으려면, 지역경제를 이끌어왔던 노인들의 도움 없이는 불가능하다. 이와 관련한 사례들은 전 세계 테라 마드레 공동체와 슬로푸드 프레시디아의 활동들 속에서 많이 찾아볼 수 있는데, 그 중 하나가 아일랜드 슬로푸드에서 소개한 '할머니의 날'이다. 매년 4월 25일로 정해진 '할머니의 날'이 되면 아이들은 자기 할머니와 함께 부엌에서 시간을 보낸다. 이 날 많은 행사가 열리는데, 그중 하나가 아이들이 할머니와 함께 음식을 만들고 요리법도 소개하는 요리경연대회. 또한 아이들이 '할머니와 음식 만들기'라는 주제로 그림을 그리는 미술대회도 여섯 개 학교의 공동주최로 펼쳐진다. 할머니들이 손자 손녀 자랑이나 자신들의 요리법을 소개하는 행사도 진행된다. 현재 아일랜드에서는 이러한 행사를 매달 한 번씩 개최할 계획을 진행 중이며 '세계 할머니의 날'[3]도 조직하고 있다.

이탈리아에서는 '오르토 인 콘도타Orto in Condotta'라는 프로그램이 진행되는데, 이는 노인들을 초대하여 강좌나 비디오나 직접 시범을 통해 아이들에게 과일과 채소를 재배하는 법을 가르치게 하는 일종의 학교 텃밭 프로그램이다. 모데나에서는 주부들이 직접 밀가루 반죽을 밀어서 납작한 국수 모양의 파스타 탈리아텔레taliatelle나 소를 넣어 초승달 모양으로 만든 작은 만두 모양의 파스타인 토르텔리니tortellini를 만드는 방법을 아이들에게 가르치기도 한다.[4] 이러한 실천들이 없다면 야무진 손끝에서 전해지는 전통의 맥이 끊어질지도 모른다.

세대 간의 연대와 통합을 증진시키기 위해 우리가 할 수 있고 해야 할 일이 더 많다는 것은 부인할 수 없는 사실이다. 노인들은 젊은 세대에게 많은 것을 제공할 수 있고 지역경제를 온전하게 보존하기 위해서 없어서는 안 되는 존재이기에 존경받아 마땅하다. 우리는 매우 민감한 시기에 살고 있다. 우리 세대는 조부모들의 문화적 자양분을 다음 세대에 공급해 주는 탯줄과 같은 역할을 해야 한다. 만약 우리가 이러한 역할을 제대로 하지 못한다면 노인들이 세상을 떠났을 때, 지구의 미래를 짊어질 다음 세대인 젊은이들은 우리보다 더 큰 상실감을 느끼게 될 것이다.

....
3 슬로푸드타임스 Slow Food Times, 슬로푸드 인터넷 뉴스 : http://newsletter.slowfood.com/slowfood_time/09/ita.html#item2
4 참조 홈페이지 : http://educazione.slowfood.it/educazione/ita/orto.lasso, http://rezdore.provincia.modena.it/cantiereaperto.asp.

전체론적 관점

앞에서 우리는 지역경제가 오늘날 지배적인 생산 체계에 비해 수많은 이점들을 제공한다는 사실을 살펴본 바 있다. 이러한 이점들로 인해 기존의 식량체계를 능가하기는 하지만, 사실상 지역경제는 식량체계와 떨어지래야 떨어질 수 없는 관계에 있다. 따라서 지역경제는 전체론적이고 계통적인 관점에서 이해되어야 한다. 분리하기보다는 문제 해결을 위해 공동체 구성원들을 통합하고 연대시키는 지역 공동체들에게 위임된 독립체로 보아야 한다. 지역경제에서 생산이라 함은, 새로운 미식법을 실천함으로써 소비자의 자리를 대체한 공동생산자라는 새로운 주인공들과 연대하는 혁신적인 유통 시스템을 가지고, 탈집중화되고 효과적인 에너지 생산 형태를 수반하는 지속가능한 방식의 생산을 말한다.

지역경제 시스템은 음식을 토대로 하고, 음식을 신인본주의와 르네상스의 중심에 세운다. 그리고 그 속에서 우리는 우리의 삶과 우리가 살고 있는 장소에 대한 통제권을 되찾게 된다. 이러한 맥락에서 중요한 것은 '보이지 않는 관계들'이며, 이러한 관계들 속에서 음악, 건축, 언어를 비롯하여 문화 및 정체성을 표현하는 모든 수단들은 중요하고 의미 있는 것이 되고, 파괴가 아니라 창조하는 시스템의 능동적인 부분이 된다. 이것은 경계를 무너뜨리는 다학제적 관점이다. 그리고 무엇보다 중요한 것은, 창조와 생산 과정에서 불가피하게 폐기되는 에너지는, 삶의 기쁨을 위해 자연과 지구의 균형을 약화시키지 않는 방식으로 활용되어야 한다는 것이다.

테라 마드레 공동체들은 이와 같은 전체론적 관점을 가지고 있기 때문에, 우리가 그들에게 전통음악을 연주해 달라고 초대하거나, 세계의 언어적 다양성을 보존하기 위해 그들의 모국어에 대해 설명해달라고 부탁해도 전혀 놀라지 않는다. 테라 마드레 공동체들이 그렇게 하는 이유는, 그것이 지금까지 그들이 늘 해왔던 일이며, 옛날 방식이 다시 유행하고 있다는 생각을 하고 있기 때문이다. 또한 테라 마드레 공동체들이 이렇게 하는 이유는, 산업화된 농업이 닦아놓은 소비자의 길은 올바른 길이 아니라는 것을 인식하고, 지역 적응을 위한 새로운 방식을 제시하기 위해 자신들의 기억과 과거를 철저히 연구해왔기 때문이다. 지역경제는 유토피아가 아니다. 지역경제는 이미 존재하는 일의 터전이자 방법이다. 지역경제는 우리가 위기에서 빠져나와서, 세상에 행복을 전파하는 더 나은 식량체계를 구축하기 위해 마음껏 이용할 수 있는 가장 효과적인 다목적 도구이다.

네트워크

공동체들은 고립되어서는 안 되며, 지역경제 시스템은 폐쇄적이어서는 안 된다. 시스템은 반드시 세상을 향해 열려 있어야 한다. 그렇지 않으면 모든 계획이 무산되고 지역경제라는 개념은 오직 서류로만 존재하게 될 것이다. 네트워크를 구축하여 상호교류의 교점이 되고, 지역 주민들이 접촉하고 여행할 수 있게 할 때 지역경제가 더 강해지고 권위를 가지게 된다는 것은 테라 마드레의 경험으로 입증되어온 사실이다.

네트워크가 교류와 여행과 상호원조를 통해 지역적으로 이루어 낼 수 있는 것이 무엇인지를 보여 주는 좋은 본보기가 있는데, 그 것은 북서아프리카 서부 사하라에 있는 이슬람 공화국 모리타니의 테라 마드레 식량공동체인 '임라구엔 여성들의 숭어 보타르가 프 레시디움Imraguen Women's Mullet Bottarga Presidium[5]'이다. 임라구 엔 부족은 방다르갱Banc d'Arguin 해안을 따라 이동하는 회유어류 를 따라다니면서 전통 고기잡이배만을 이용하여 황금빛을 띄는 회 색 숭어 떼를 거두어들인다. 방다르갱은 1976년에 건립된 국립공 원의 보호를 받는 어족자원이 풍부한 천연해양환경이며, 본 프레 시디움은 임라구엔 부족이 방다르갱에서 전통 방법으로 잡아들인 숭어로 만든 '보타르가[6]'를 홍보하기 위해 2006년에 설립되었다.

이 부족의 여인들은 숭어알을 소금에 절여 건조시켜서 전통적 인 보타르가를 만들어낸다. 임라구엔 프레시디움이 설립되던 당시 에는 급하게 만들어 위생 상태가 나쁜 건조장의 맨땅에서 작업이 이루어졌으며, 그렇게 해서 만들어진 보타르가는 중간 상인들에 의해 터무니없이 낮은 가격으로 판매되고 있었다.

생물다양성 보호 프로젝트를 위한 기금 조성이 주목적인 슬로

....

5 프레시디움presidium은 1장에 소개된 '프레시디아presidia'의 단수형으로, 전방에 파견된 분대 혹은 수비대를 의미하는 라틴어이다. 원래는 고대 로마 군대에서 특별한 임무를 수행하는 파견대를 뜻했다. _옮긴이 주
6 지중해 요리에 사용되는 요리 재료로, 숭어나 다랑어의 어란을 소금에 절여 건조한 것. 보타르가 bottarga는 이탈리아어고, 영어는 '보타고botargo'이다. _옮긴이 주

푸드 재단 덕분에, 토스카나 지방의 오르베텔로Orbetello에 있는 유서 깊은 '슬로푸드 오르베텔로 보타르가 프레시디움Slow Food Orbetello Bottarga Presidium' 회원들이 이 일에 참여했다. 그들은 식품 공학자인 아우구스토 카타네오Augusto Cattaneo와 손잡고, 임라구엔의 보타르가 가공 기술을 향상시키기 위해 임라구엔 여성교육 프로그램을 만들고 마흔 명을 교육했다. 토스카나 주정부와 피에몬테 주정부의 후원으로, 표준화된 생산 설비를 임대해서 갖추고, 보타르가를 진공 포장하는 기계도 사들였다. 그리고 무엇보다 중요한 제품 위생에 대한 모니터링은 토리노 상공회의소 화학 연구소에서 진행했다.

'슬로피시Slow Fish[7]'와 '살로네 델 구스토', 그리고 테라 마드레 행사 때, 임라구엔 프레시디움의 여인들이 제대로 포장되고 상표까지 붙인 그들의 특산물 보타르가를 여러 차례 선물한 바 있다.

임라구엔 여인들의 다음 목표는 부지를 매입해서, 거기에다 작업장을 짓고 생산 설비를 갖추는 것이다. 그리고 그곳에서 신참 생산자들과 어촌공동체를 위한 교육 과정을 진행할 계획이다. 보다 장기적인 목표는 누아디부Nouadhibou에 염전을 개발하여 지역성을 온전히 보장하는 제품을 생산하고 공급 체인을 확보하는 것이다. 이러한 목표를 이루기 위해, 두 음식공동체—이탈리아의 음식

....

7 슬로푸드 주최로 이탈리아 제노바에서 격년으로 열리는 행사로, 전 세계 어업관계자들이 모여 고갈되어 가는 해양식량자원을 보호하기 위해 지속가능한 해양 생태계와 해양 음식과 관련된 품질 및 윤리적 측면에 대해 토론하고, 수산업의 확산과 발전 방안에 대해 논의한다. _옮긴이 주

공동체와 모리타니의 음식공동체—가 서로를 방문하고 함께 일해 오고 있다. 이는 '강한' 공동체가 보다 '약한' 공동체를 돕는 사례라 할 수 있다. 이 프로젝트를 위한 자금은 여러 단체들의 지원으로 조성되었다. 결코 큰돈이 필요한 것은 아니었다. 2008년에 이 프로 젝트에 쓰인 총 비용은 3,000유로를 약간 웃도는 정도였다. 슬로 푸드 재단이 할 일은 단지 프로젝트의 운영과 두 공동체의 교류를 주선하는 것뿐이었다. 이 프로젝트는 기술적인 측면에서, 특정 식 품이 가진 고유의 특징을 존중하는 동시에 그 식품의 질을 향상시 켰다. 하지만 그것이 다가 아니다. 모리타니 여인들과 토스카나의 어부들이 서로 교류하고, 친구가 되고, 새로운 곳을 볼 수 있는 기 회를 제공한 것을 포함해서, 사실상 이 프로젝트가 해온 일은 그 보다 훨씬 더 많았다.

네트워크가 생존과 활력을 유지하기 위해서는 정보의 순환이 필수적이다. 앞에서 논한 바 있는 '자발적 교역'이라는 새로운 공정 거래의 실천이나 사람들이 여행할 수 있는 권리를 보장하는 것도 정보 순환을 위한 방법이 될 수 있다. 네트워크가 없으면 지역이 가지는 수많은 가치와 이점들을 영영 잃어버릴 수 있다.

접촉과 교제는 다양성을 넓히고 독자성도 부여한다. 상대방을 앎으로써 우리는 자부심을 느끼고, 만남을 통해 서로 도움을 주고 받는다. 지역경제 시스템은 한계가 있는 것처럼 여겨질 수 있다. 하 지만 우리는 테라 마드레의 경험으로, 지역경제 시스템의 가능성 들은 전 세계의 공동체들과의 접촉을 통해서 배가될 수 있다는 사실을 배웠다. 때때로 직접적인 접촉을 하지 않더라도 서로의 존재를 인식하는 것만으로도 충분한 경우도 있다.

네트워크는 공동체들이 가지지 못했던 자원들을 이용할 수 있게 할 뿐만 아니라, 지역 차원에서 이루어지는 모든 바람직한 과정을 확산·증대시키는 역할을 한다. 음식 자체가 네트워크이며, 많은 사람들에 의해 수행된 여러 과정들의 결과이자 그들의 지식과 그들이 살아온 삶의 결과가 아닐 수 없다. 따라서 지역경제가 먹을거리라는 주제로 네트워크를 형성하기 시작하는 것은 결코 우연이 아니다. 지역경제는 음식의 모든 가치와 의미를 간직하는 음식의 반영이다.

강하고 자의식이 투철한 지역경제인 테라 마드레 네트워크는 오늘날 세상에서 가장 위대한 식량 조직이다. 이 조직은 그 누구도, 심지어 우리 잣대로 '비도덕적'이라고 치부했던 사람들조차 배제하지 않는다. 다양성을 위해서는 우리 스스로 경계를 짓지 않는 것이 현명하기 때문이다. 테라 마드레는 이윤 추구보다 더 큰 대의를 위해 과일과 채소를 키우고, 가축을 먹이고, 지구를 돌보고, 또한 실천하고 먹는 수백만의 보통 사람들에 의해 운영된다는 점에서 다른 조직이나 단체와 차별되는 진정한 다국적 식량 조직이다.

삶의 기쁨

지역 차원에서의 여러 가지 실천은 현대인의 삶의 방식이 몰고 온 닥친 위기와 빈곤화에 대응하는 바람직한 삶의 태도다. 그러나 인간 존재의 본질에 더욱 부응하는 '대안적' 경제와 사유방식을 성취하기 위해서는 규모의 한계와 자기 통제력과 '타자'의 포용에 관한 문제를 직시하고 그 해법을 찾아야 한다. 이미 오래 전에 우리가 통제할 수 있는 한계를 넘어섰고, 우리가 세상을 파악하는 방식이 자연의 방식과 같지 않으며, 우리가 실행한 모든 과정 속에 에너지를 낭비하는 요인들이 숨어 있다는 사실을 깨달아야 한다. 조제스큐-뢰겐의 말대로, 폐기된 에너지는 우리가 얼마만큼 삶을 즐겼는지에 대한 반로이다.

우리가 지역경제 시스템과 연대해서 나아가는 길은 먼 길이 될 것이다. '느림'은 우리가 무엇이나 곧바로 얻을 수 없으며, 중요한 것은 의지와 열린 마음, 그리고 기억과 배려임을 상기시켜 주는 소중한 가치이다. 우리는 모든 사람들이 의심과 사전 예방 원칙으로 혜택을 입고 또한 모두가 실수할 가능성이 있다는 것을 인식하고 있다. 따라서 그것은 '신세계'가 아니며, 언제나 최선의 결과를 가져다주었던 실수와 위기의 순간들이다. 이것이 바로 필자가 경제적, 재정적, 기후적, 환경적, 윤리적 위기에 직면한 세상에게 음식에서 출발하는 르네상스를 제안하는 이유이다. 이것은 이해타산이 아닌 정서에 기초하여 삶의 기쁨을 누리게 하여, 그 결과 인간 활동이 서로를 망치고 지구상에서 우리의 존재마저 위태롭게 하는 상황으로 치닫는 것을 막아 줄 신인본주의이다.

사람들로부터 테라 마드레가 환상이나 몽상에 불과하다는 얘기를 들을 때, 필자는 절대 그렇지 않으며 오히려 환상으로 이루어진 세상에 존재하는 인본주의의 실체라고 대답한다. 테라 마드레 공동체들은 두 발은 현실에 붙이고 두 손은 흙 속에 둔다. 그리하여 그들이 사는 맥락 속에 완전히 통합되고 그 통합으로부터 기쁨과 혜택을 끌어낸다. 오늘날에는 평화로운 삶을 누릴 이러한 비결을 아는 사람을 찾기가 점점 더 어려워지는 것 같다.

우리가 대지의 위대한 숨결인 음식과의 관계를 재정립하지 않는 한 평화는 없을 것이다. 음식과의 건강한 관계를 잃음으로써, 우리는 한때 다정하고 자상한 어머니였던 지구가 사악한 계모로 변하도록 방치해왔다. 지구가 이렇게 되기까지 그럴 만한 이유가 있었다는 것을 우리는 인정해야만 한다.

우리 지역과 이웃, 국민들을 보살피자. 음식에 먹히지 않고 우리의 먹을거리를 다시 먹기 시작하고, 좀 더 멀리 내다보는 안목을 키우고, TV와 신문이 알려주는 사실만이 아니라 세상에 무슨 일이 일어나고 있는지에 대해 관심어린 시선으로 지켜보자. 주변 환경을 이해하는 감각을 회복하고, 현실의 통제력을 되찾자. 음식공동체가 하는 일을 행하자. 음식공동체의 생활양식은 어디에서나 실행이 가능하다. 그 일은 결코 지루하거나 힘들지 않을 것이다. 우리가 쏟는 에너지가 기쁨으로 우리에게 다시 돌아올 것이기 때문이다.

7장

테라 마드레의 미래

테라 마드레는 참여 민주주의이며, 실물경제요, 지역경제이며, 자연경제이다. 또한 다국적 기업들이 아니라 사람들을 농촌으로 바다로 내보내며, 판매가 아니라 소비하기 위해 먹을거리를 생산하며, 삶의 기쁨을 찬양하고 더 나은 세상을 만들기 위해 노력한다.

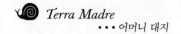
••• 　　　테라 마드레는 공동체들의 네트워크이며 따라서
사람들의 네트워크다. 그들은 음식을 위해 음식과 함께 일하는 사
람들이며, 자신들과 다른 사람들이 '삶의 기쁨'을 잃어버리지 않도
록 음식을 삶의 중심에 세우는 사람들이며, 음식에게 먹히는 상황
을 용납하지 않고 주체적으로 지구와 지구에 사는 모든 생명체들
과의 역동적인 관계를 맺고자 하는 사람들이다.

　테라 마드레는 참여 민주주의이며, 실물경제요, 지역경제이며,
자연경제이다. 또한 다국적 기업들이 아니라 사람들을 농촌으로
바다로 내보내며, 판매가 아니라 소비하기 위해 먹을거리를 생산하
며, 삶의 기쁨을 찬양하고 더 나은 세상을 만들기 위해 노력한다.
이러한 노력이 위기와 불확실성에 대응하는 길임을 테라 마드레는

잘 알고 있다. 또한 앞으로 나아가야 할 방향이 어디인지를 잘 알고 있으며, 인본주의야말로 포스트모던 시대에 방향 감각을 상실한 채 고립감에 빠져 있는 사람들을 위한 해결책임을 믿고 있다.

테라 마드레는 정치적 주제이자 휴머니티를 예찬하는 시요, 미학이지만, 무엇보다 무한한 목표를 추구하는 장기적인 프로젝트다. 테라 마드레는 비록 역사는 짧지만 지금까지 신인본주의와 신르네상스를 향해 결의에 찬 발걸음을 내디뎌왔다. 과거의 르네상스가 미美와 함께 탄생된 바, 테라 마드레가 추구하는 미는 자연과 우리의 관계 속에는 말할 것도 없고, '좋고, 깨끗하고, 공정한' 음식과 우리 마을과 마을 풍경 속에 존재한다. 또한 역으로 이 모든 것들이 제대로 작동될 때 미가 탄생되고 우리가 그것을 즐길 수 있는 것이다.

테라 마드레는 무한한 창조력과 실천력을 가진 프로젝트다. 테라 마드레는 불확실성이 아닌, 우리가 가지고 있지만 아직은 완전히 파악하지 못하는 시스템, 다시 말해서 지금까지 우리를 지구상에 존재할 수 있게 만들어준 '보이지 않는 관계들'로 구성된 시스템에 대한 강한 믿음을 가지고 미래를 전망한다. 테라 마드레는 지속가능한 방식으로 언제나 발전을 모색하면서 제 갈 길을 나아갈 것이다.

테라 마드레는 오늘날 세계를 지배하는 권력체계와의 고리를 끊어야 한다. 이는 '저항'이나 우월의식 때문이 아니라 창조적인 일터가 되기 위한 일이다. 테라 마드레의 원칙은 흔들림이 없으며 그 구성원들과 공유될 것이다. 이것이 바로 테라 마드레 네트워크가 다국적 산업이라는 거대한 기계의 부품이 되기를 거부하는 사람들에게까지, 그리고 각자가 가진 역할과 능력에 의거하여 세상의 모든 측면에서 더 나은 휴머니티를 실현하고자 하는 꿈을 버리지 않는 사람들에게까지 확장되어야 하는 이유이다. 이 모든 구성원들의 회합을 조직하기 위해서는 자원이 필요하다. 네트워크를 믿고 참여하고자 하는 사람들의 연대와 지원이 필요하다. 테라 마드레는 대단히 귀중한 모험이며 자체적으로 재건과 연료 조달이 가능한 프로젝트이긴 하지만 외부의 후원도 역시 필요하다. 지금까지 대단한 성과를 거두긴 했지만 아직은 초기 단계이기 때문이다.

테라 마드레의 미래의 모습을 그리는 것은 불가능한 일이 아니다. 하지만 테라 마드레 네트워크가 지구에서 가장 다양하고 광범위하게 존재하고 작동하는 이상 사실상 그 어떤 형태도 가능하다.

최근에 발족한 프로젝트 중 하나는 2009년 12월 10일에 열린 '테라 마드레의 날Terra Madre Day'로서, 이는 슬로푸드 선언과 국제 슬로푸드 출범 20주년을 기념하는 행사이다. 바로 그날 전 세계의 모든 음식공동체들과 슬로푸드 지부들, 프레시디아 프로젝트, 텃밭, 그리고 본 네트워크와 관련된 모든 사람들이 20주년을 기념하고 재탄생을 자축하는 크고 작은 행사들을 개최했다. 테라 마드레 대회는 2년마다 한 번씩 개최되지만, '테라 마드레의 날'인 12월 10일은 전 지구적 반향을 불러일으키는 날로서 매년 기념할 것이다. 이날 전 세계 수많은 곳에서 목소리와 음악, 음식공동체들의 찬가가 다른 사람들과 기쁨을 나누기 위해 울려 퍼질 것이다. 테라 마드레의 날은 비록 멀리 떨어져 있다하더라도 우리는 함께한다는 연대의식을 느끼게 해 준다. 그리하여 다른 지역에 사는 사람들도 보다 지속가능하고 보다 민주적인 먹을거리를 위한 대의에 동참하고 있다고 자각하게 되는 것이다.

테라 마드레는 지역 차원의 자율성을 더욱 더 추구해야 하며, 이는 투자와 후원자들을 끌어들이는 차원에서 필요한 일이다. 옛 르네상스 시절의 후원자들이 아름다움이나 예술 작품에 투자했다면, 테라 마드레의 후원자들은 음식의 아름다움, 농업, 자연, 지속가능성, 그리고 행복에 투자한다. 앞에서도 언급한 바 있는 '엄격한 무정부 상태'를 통해, 테라 마드레는 재정적 탈집중화를 성취해야 한다. 그리하여 음식공동체 대표단들이 2년마다 토리노로 오게 하고, 사업 계획들을 지역적으로 조직하고, 네트워크를 점점 더 확장시키고, 지식의 교류 및 공유를 위해 연구 활동을 수행하고, 필요한 경우 상호교류와 여행을 할 수 있도록, 특히 젊은 세대들이 참여할 수 있도록, 재원을 마련해야 한다.

요컨대 테라 마드레의 미래는 목표 설정과 실천에 있어서의 자유와 음식 및 존재의 주권이라는 이름으로 구체화될 것이다. 어떤 의미에서 테라 마드레는 자기 자신으로부터, 다시 말해서 테라 마드레를 창안하고 조직한 사람들로부터 벗어나고 뛰어넘어야 하며, 그 대신 우리가 처한 현실에 단단히 발을 붙이고 있어야 한다. 그 현실은 수억만 개의 다른 현실들, 즉 자연과 똑같이 존중받아 마땅한 수많은 인간들의 삶으로 이루어진 현실이다. 그 누구도 이 사람들이 행복하게 살 권리를 앗아가게 해서는 안 된다.

테라 마드레가 지역성을 추구하려는 경향은 갈수록 더 뚜렷해질 것이다. 그리하여 갈수록 더 지속가능하고 효과적이며, 또한 역설적이게도, 지역경제 옹호자들에게 '반反세계적'이라는 딱지를 붙인 사람들이 무색할 정도로 '세계적'이 될 것이다. 테라 마드레 사람들은 그 누구보다도 '세계적'이다. 그것은 우리가 경이로운 '어머니 지구' 안에 사는 능동적이며 창의적인 구성원이라는 사실을 스스로가 잘 인식하고 있기 때문이다.